B.F. SKINNER
OU
LE PERIL BEHAVIORISTE

AF136724

PSYCHOLOGIE ET SCIENCES HUMAINES

Marc Richelle

B.F. Skinner ou le péril behavioriste

PIERRE MARDAGA, EDITEUR
2, GALERIE DES PRINCES, BRUXELLES

à Charles Dessart,
par qui Skinner entra dans le
domaine français,
avec l'amical souci de le
persuader.

CHAPITRE I

QUI N'AURAIT PEUR DE BURRHUS FREDERIC SKINNER?

AVERTISSEMENTS

Au nom d'une psychologie dite «néo-behavioriste» de pur comportement, un certain Skinner, psychologue d'Harvard, appelle à la robotisation...

Toutes les radios se font un honneur d'inviter ce fou dangereux qui, proche des pavloviens soviétiques, affirme que l'homme n'est pas un état particulier de la nature; que c'est un animal parmi les autres animaux; et que, comme tel, il faut le dresser afin qu'il réagisse, comme les autres animaux, à un certain nombre de stimuli extérieurs de l'environnement.

> Michel Lancelot,
> *Le jeune lion dort*
> *avec ses dents,* 1974

Oubliez l'homme. Ne considérez que l'animal. Analysez ses conditionnements en faisant agir l'environnement. Trouvez les plus efficaces et multipliez-les.

Skinner appelle cela le «conditionnement opérant». Il y a un autre mot pour cette démarche: le nazisme.

Michel Lancelot, ibidem.

L'ouvrage de Skinner[1], s'il devait jamais avoir un impact sérieux sur la marche des événements, pourrait être tout aussi inquiétant que le *Mein Kampf* d'Hitler, si ce n'est que ce dernier est un livre beaucoup plus intelligent et beaucoup plus instructif... Ce qui n'est pas surprenant car il est l'œuvre d'un virtuose de la technique sociale, qui peut encore enseigner un ou deux tours à un candidat amoral en mal de manipulation... Contrastant avec un tel exploit, la plus grande réalisation de Skinner dans le domaine de la «technologie du comportement» a été de dresser deux pigeons à pousser une balle en avant et en arrière, l'un vers l'autre. Ce succès demandait sans doute beaucoup d'imagination et de persévérance, mais il suffit à peine à justifier la prétention d'être pris au sérieux en tant qu'expert de la civilisation et de la politique. L'inventeur de la célèbre boîte de Skinner mérite sans aucun doute de se faire entendre comme dresseur d'animaux, bien qu'il ne soit pas évident du premier abord que son exploit dépasse ceux des dresseurs de cirque: c'était sûrement moins dangereux que d'affronter les lions, et je serais surpris que cette réussite ait exigé autant d'habileté manuelle que celle dont fait preuve un dresseur de puces.

Stanislas Andreski,
Les sciences sociales,
sorcellerie des
temps modernes, 1975.

Manifestement, en France, nous avons la tête plus froide. Le livre de Skinner n'a pas l'air d'avoir, ici, emballé ou choqué grand monde... Cette pensée invite à consolider l'ordre; elle fournit une réponse aux critiques formulées contre la culture et la société. Elle prône le contrôle afin d'assurer la survie, donc la reproduction de ce qui existe. En regard, la liberté et la dignité — idées force des extrémistes — font figure de bulles du passé, s'appuyant sur des théories préscientifiques. Bref, l'Amérique de Messieurs Nixon et Agnew doit prendre en main son propre salut, avoir le courage de punir et de récompenser là où il le faut, et quand il le faut.

Serge Moscovici,
Sommes-nous des Rats?
in Le Nouvel Observateur,
5-2-1973.

L'Amérique, en tant que société, fut fondée sur le respect de l'individu, et sur une foi inébranlable en sa valeur et en sa dignité...

Skinner attaque les prémisses mêmes sur lesquelles notre société repose, en affirmant que «la vie, la liberté et la poursuite du bonheur» furent des buts valables jadis, mais n'ont plus aucune place dans l'Amérique du XXe siècle ni dans la création de la nouvelle culture qu'il propose.

Spiro Agnew, alors Vice-président des Etats-Unis,
Discours devant les agriculteurs du Middle-West,
1971.

Considérons un camp de concentration bien organisé, dont les détenus s'espionnent mutuellement, avec ses chambres à gaz fumant aux alentours, et éventuellement une allusion verbale occasionnelle qui rappelle la signification de ce renforcement. Cela apparaîtrait comme un monde quasi parfait... Dans la conception de Skinner, il n'y aurait aucune objection à cet ordre social. Au contraire, il semblerait proche de l'idéal.

> Noam Chomsky,
> Psychology and Ideology,
> in *Cognition*, 1972.

UNE COALITION SUSPECTE

A la lecture de tels commentaires, glanés au hasard dans une impressionnante collection de textes destinés au grand public plus ou moins cultivé, qui n'aurait peur de Burrhus Frédéric Skinner? Qui ne s'inquiéterait des ambitions de pouvoir de ce dresseur de rats et de pigeons qui, sortant de son laboratoire, a crument jeté le masque en commettant un écrit idéologique qui lui valut l'attention irritée et sarcastique de la gauche comme de la droite, des journalistes, des politiciens en vue, d'hommes de science éminents? N'est-ce pas son spectre que l'on devine derrière la « doctrine pseudo-démocratique » qui favorise les phénomènes de déshumanisation, les huit péchés capitaux de la civilisation, dénoncés par Konrad Lorenz[2]? Et ses idées que l'on retrouve sur la table de chevet de tous les manipulateurs qui, de par le monde, s'ingénient à étouffer les expressions de liberté?

Qui est cet homme, hier encore pour ainsi dire inconnu en Europe — sinon de quelques scientifiques — et qui jouit aujourd'hui d'un honneur sans égal: il est de ceux dont chacun parle, sur lesquels chacun a son avis sans qu'il soit besoin de le lire ni de le connaître. Quelques grands esprits en ont dit tout ce qu'il faut en dire, sans l'avoir eux-mêmes nécessairement lu d'ailleurs. Faut-il qu'il ait sécrété une doctrine monstrueuse pour que se retrouvent, dans une commune indignation, Konrad Lorenz et Michel Lancelot, Noam Chomsky et Spiro Agnew? Compagnie plaisante assurément. Plaisante mais suspecte. Des attaques convergeant d'horizons si divers, et usant d'arguments si opposés, ne peuvent manquer de susciter quelques questions, du moins en France où, comme le rappelle Serge Moscovici, «Nous avons la tête plus froide». Comment peut-on, d'un côté, voir en Skinner le porte-parole de l'Establishment, le technocrate inventé par l'Amérique pour sauver l'ordre établi, et de l'autre l'accuser de saper à la base la société américaine? Comment, expert en conditionnement, peut-il tout à la fois passer pour responsable des mythes pseudo-démocratiques qui nous font oublier notre vraie nature humaine, vouée à l'ordre et la hiérarchie, et pour l'instigateur d'un univers concentrationnaire dont le nazisme ne nous avait donné que la préfiguration? Tant de gens dérangés, et si différents, cele ne signale-t-il pas quelque chose d'important? Mais l'important est-il ce que l'on nous en dit? N'y aurait-il pas mystification, ou du moins erreurs de lecture?

Ne nous hâtons pas d'écarter Skinner comme une «affaire pour Américains». L'expérience devrait nous apprendre que tout ce qui se passe chez ces gens-là nous concernera un jour ou l'autre. Notre empressement à dénoncer leurs défauts n'a d'égal que notre naïveté à les reproduire. Notre mépris pourrait, ici, n'être qu'une méprise de plus à l'égard du psychologue américain probablement le plus imprégné de culture littéraire française, lecteur assidu et pénétrant de Diderot et de Rousseau, de Stendhal, des Goncourt et de Proust.

Le plus sage et le plus honnête est de retourner à l'œuvre de Skinner, plutôt qu'aux simplifications qui en ont été fournies, de foi plus ou moins bonne, et de rattacher ses écrits réputés idéologiques (les seuls à avoir retenu l'attention des profanes) à ses travaux scientifiques, eux-mêmes souvent mal compris parmi les spécialistes de la psychologie.

UNE ŒUVRE POLYMORPHE ET COHERENTE

Qu'on le veuille ou non, qu'on l'aime ou non, B.F. Skinner est l'un des psychologues américains les plus influents. Ainsi que l'attestent plusieurs sondages, il passe aux yeux de beaucoup de ses confrères pour l'une des principales figures du siècle dans les sciences psychologiques, aux côtés de Pavlov et de Freud.

Ses premières publications scientifiques remontent à 1930. Il n'a cessé, depuis lors, d'apporter des contributions capitales à l'étude du comportement. Il l'a dotée de techniques d'une portée et d'une efficacité exceptionnelles, auxquelles ont recours, indépendamment de toute prise de position théorique, des expérimentateurs de plus en plus nombreux dans les laboratoires de psychologie, de neuro-physiologie, de pharmacologie, d'ergonomie, etc.

Il a clarifié, par l'ingéniosité de ses expériences et par la rigueur de ses analyses, de nombreux problèmes où s'enlisait la psychologie expérimentale et théorique américaine. Il a inspiré des domaines d'application en pleine expansion tels que l'enseignement programmé et la thérapie du comportement. Il s'est fait le champion de la conception behavioriste de la psychologie, reprenant à son compte les principes proclamés par Watson au début du siècle, mais en les enrichissant et en les nuançant de toutes les connaissances accumulées en un demi-siècle, avec la réflexion critique d'un esprit moins passionné que celui de son prédécesseur. Enfin, il n'a pas hésité à conduire jusqu'en ses dernières conséquences l'analyse scientifique en l'appliquant aux affaires humaines au sens le plus large, remettant en question les conceptions traditionnelles de l'homme et de ses relations avec son milieu physique et social. L'influence de Skinner a d'abord été celle d'un maître de l'expérimentation de laboratoire qui a formé et inspiré plusieurs générations d'expérimentateurs en psychologie, dans le cadre d'une des universités les plus prestigieuses des Etats-Unis. Elle a été surtout celle de l'auteur de plus d'une centaine d'écrits, parmi lesquels une dizaine d'ouvrages, où d'austères travaux spécialisés et un manuel programmé voisinent avec un roman utopique et l'essai retentissant qui a valu à son auteur les attaques plus ou moins élégantes dont nous avons donné quelques échantillons.

LE BEHAVIORISME

Le behaviorisme est un mouvement d'idées qui a vu le jour en psychologie scientifique au début de ce siècle. Le terme, dérivé du mot *behavior* (comportement), assigne à la psychologie, pour objet d'étude, le *comportement*, c'est-à-dire des faits objectivables, et non plus des états subjectifs appréhendés par le sujet lui-même. Formulé avec une vigueur parfois maladroite par Watson, ce point de vue se trouvait déjà concrétisé par l'œuvre scientifique de Pavlov: l'étude entreprise par celui-ci sur les réactions conditionnées se présentait comme une approche objective par les méthodes des sciences naturelles des phénomènes «psychiques» ou considérés comme ressortissant à la psychologie. Cependant que Pavlov, peu soucieux d'ailleurs d'arguties épistémologiques, poursuivait ses travaux avec de nombreux disciples, dans des voies souvent méconnues en Occident, le behaviorisme se développait aux Etat-Unis, où la plupart de ses représentants étudiaient les comportements acquis.

Le second quart du siècle vit se multiplier les tendances à l'intérieur du behaviorisme, de telle sorte que l'on doit parler de divers courants néo-behavioristes, plutôt que d'une école, ou d'une doctrine homogène. Certains de ces courants sont revenus à des positions de compromis par rapport aux conceptions de Watson, tel Tolman, à propos duquel on peut parler de behaviorisme cognitiviste. C'est Hull qui passe pour le représentant le plus marquant de cette génération, et qui est, encore aujourd'hui, le plus fréquemment cité en France lorsqu'on se réfère au behaviorisme. Il n'a cependant laissé aucune contribution méthodologique marquante, ni aucun fait expérimental important. Séduit par les formalisations, il a tenté de couler une théorie du comportement dans un système hypothético-déductif qui, avec le recul du temps, apparaît prématuré et stérile. Skinner, de son côté, est resté radicalement attaché à certaines conceptions de Watson qu'il a approfondies et explicitées, tout en dépassant sur bien des points tant Watson que les néo-behavioristes qui le suivirent. Il s'intitule lui-même un *behavioriste radical.* Tout cet essai nous aidera à comprendre ce qu'il faut entendre par là. Mais quelques premiers jalons seront utiles pour nous orienter.

Pour le behavioriste, donc, la psychologie, si elle veut être une science, doit se donner pour objet des phénomènes observables à l'aide des méthodes habituelles des sciences de la nature; elle doit rechercher objectivement les variables dont ces phénomènes sont fonction. Cette position a paru à beaucoup inadmissible, parce qu'elle réduirait le champ de la psychologie aux seuls actes moteurs accessibles à l'observateur et en exclurait ces innombrables événements intérieurs que tout être humain sait se dérouler en lui. En fait, c'est se méprendre sur le parti pris méthodologique du behaviorisme. Il ne nie nullement les phénomènes intérieurs. Mais, d'une part, il dénie au sujet l'aptitude à en fournir une analyse scientifique (il rejoint en cela les positions de Freud et de Janet); d'autre part, il dénie aux événements psychiques internes, ou, si l'on veut, aux événements mentaux, un statut foncièrement différent de celui des conduites aisément repérables de l'extérieur. Le problème de la psychologie est de les rendre accessibles à l'analyse, de les traiter comme des comportements et non comme des sources abstraites et invérifiées des comportements. L'*antimentalisme,* qui constitue l'un des traits dominants du behaviorisme actuel, n'est pas négation des événements mentaux, mais refus de les invoquer comme explication. On comprendra les raisons de cette position si l'on songe à la manière encore répandue aujourd'hui d'expliquer les conduites en faisant appel, par exemple, à des *besoins:* si l'on peut sans trop de peine identifier le besoin alimentaire d'un animal qui cherche de la nourriture, c'est user d'un expédient facile que d'invoquer un besoin d'agression pour expliquer les actes agressifs, un besoin d'affiliation pour rendre compte des groupements sociaux, etc. Il reste en effet à expliquer le besoin, et le problème reste entier. La psychologie moderne est demeurée tributaire d'entités mentales prétendument explicatives — à côté des besoins, on pourrait citer l'anxiété, l'intelligence, les pulsions —. Comme le souligne bien Skinner, l'objection n'est pas que ces choses sont mentales, mais qu'elles arrêtent là l'explication. Nous reviendrons plus loin en détail sur le problème du mentalisme[3].

Le behaviorisme passe souvent pour une doctrine empiriste, ou *environnementaliste*, expliquant le comportement par la seule action du milieu sur un organisme passif. Certes, l'analyse du rôle du milieu tient une place centrale chez tous les behavioristes. Il n'y a là, à vrai dire, rien de très surprenant: si l'on admet que la psychologie s'occupe de la vie de relation — relation des organismes avec leur milieu physique et, éventuellement, social — comment pourrait-on faire de la psychologie sans s'interroger sur le rôle du milieu? Mais les conceptions à ce sujet varient d'une école à l'autre. Les unes insistent par exemple sur les mécanismes innés qui définissent à l'avance ce que sera dans l'histoire de l'individu le rôle du milieu, rôle pour ainsi dire simplement révélateur de potentialités strictement préprogrammées. L'éthologie objectiviste de Lorenz se situe dans cette catégorie. D'autres mettent l'accent sur l'organisation de l'individu, sur les structures de son intelligence, de sa personnalité, de son inconscient, sans référence explicite à l'environnement. C'est le point de vue des écoles *structuralistes,* bien plus anciennes et plus diversifiées d'ailleurs que ne le donne à penser le mouvement structuraliste en vogue aujourd'hui en France. D'autres encore articulent le sujet agissant et le milieu dans lequel et sur lequel il agit, auquel il se heurte, et duquel il reçoit des informations en retour qui l'amènent à corriger son action. C'est l'approche *interactionniste,* dont Piaget est le représentant actuel le plus caractéristique. D'autres enfin accordent la primauté au milieu qui provoque, par le jeu des stimulations agissant mécaniquement, les réponses de l'organisme, sorte de marionnettes sans mémoire génétique, sans structures, sans volonté. Ce serait là le point de vue des psychologies *stimulus-réponse,* que l'on assimile généralement au courant behavioriste. En fait, il n'est pas sûr qu'il existe véritablement des psychologies stimulus-réponse pour soutenir cette conception simpliste. Si on a pu le croire, c'est probablement par un glissement d'un principe méthodologique — le behaviorisme, rappelons-le, s'en tient à des événements observables, donc des événements du milieu ou stimuli, et des comportements — à une théorie de la causalité des conduites. Deux autres facteurs au moins ont contribué à ce glissement. D'une part le fait que la plupart des travaux des behavioristes aient porté sur l'apprentissage, domaine où l'on est tout naturellement amené à privilégier le rôle du milieu. D'autre part, le contexte sociologique de l'Amérique de la première moitié du xxe siècle, où l'idéologie environnementaliste trouvait de nombreux aliments bien en dehors des laboratoires de psychologie.

Quoi qu'il en soit, au sein même du behaviorisme, les positions à propos du rôle du milieu se sont diversifiées et ont singulièrement évolué. Skinner a élaboré, à cet égard, une conception vigoureuse et nuancée. Comme nous le verrons plus loin en détail, si l'environnement tient une place importante dans son analyse, il n'est assurément pas un psychologue stimulus-réponse. Non plus d'ailleurs qu'il ne nie — ce qu'aucun behavioriste n'a probablement fait, quoi qu'on en dise —, l'importance du patrimoine héréditaire que tout organisme possède à la naissance en tant que membre d'une espèce et en tant qu'individu au sein de cette espèce.

UN BEHAVIORISTE EST-IL UN ETRE HUMAIN?

Mais revenons à l'homme. Un psychologue de laboratoire dressant à longueur de vie rats et pigeons passe aisément pour un esprit sec et désincarné, aveugle à tout ce qui fait la grandeur de l'âme humaine. Ignorant les remous de la vie affective, les richesses de la vie mentale, sous-estimant la prodigieuse complexité du langage, on pourrait dire de lui que « tout ce qui est humain lui est étranger ». Rien ne dément plus clairement cette caricature que Skinner. Son œuvre n'a pas suscité l'espèce de culte de la personnalité qui très tôt entoura Sigmund Freud, par exemple. Sans doute cela tient-il, entre autre, au fait que ses relations avec ses disciples n'ont jamais été marquées par les tensions orageuses, souvent retentissantes, qui jalonnèrent la carrière du fondateur de la psychanalyse, liant les étapes de son œuvre scientifique aux vicissitudes de sa vie affective. S'il s'est fondé une école skinnérienne, c'est pour ainsi dire malgré Skinner, et s'il ne refusa pas d'en faire partie, jamais il n'y a imposé son orthodoxie. N'ayant guère prodigué à ses collaborateurs, à ses élèves, à ses amis que ses encouragements, à ses adversaires que les marques de sa tolérance ou de son indifférence, il n'est pas de ces hommes de science dont la vie intrigue ou dont le caractère étonne. Il n'est pas au nombre des « monstres sacrés » de la psychologie du xxe siècle, où siègent glorieusement un Freud —

qui a excité l'art des biographes détectives —, un Piaget — dont un collègue et admirateur n'hésitait pas à dire, dans une occasion des plus académiques, « Votre génie n'a d'égal que les enfantillages de votre caractère »[4], un Konrad Lorenz jetant l'anathème sur les « déviationnistes ». On n'a pour ainsi dire rien écrit sur sa vie et le peu que l'on en sait nous vient de lui, jusqu'il y a peu, dans une autobiographie d'une vingtaine de pages, tout récemment, dans un volume, *Particulars of my Life*, qui est en même temps récit de son existence jusqu'à son entrée à Harvard, et peinture de la vie dans une petite ville américaine dans le premier quart du siècle.

UNE VOCATION D'ECRIVAIN

Burrhus Frédéric Skinner est né en 1904 à Susquehanna, dans l'état de New-York. Enfance sans problème, entre un père fonctionnaire des chemins de fer, et une mère intelligente, belle, et presbytérienne. Une passion s'installe, sous l'influence d'une institutrice cultivée : la lecture. A quatorze ans, intrigué par les débats sur la véritable identité de l'auteur des pièces attribuées à Shakespeare, il lit Bacon, dont l'œuvre ne cessera de marquer sa pensée scientifique.

A Hamilton College, Skinner est un étudiant facétieux, et volontiers contestataire. Il orchestre avec un ami une publicité énorme, — affiches, journaux locaux, rumeurs publiques — pour une conférence, purement fictive, que Charlie Chaplin est censé faire sur le campus, mettant toute la région sens dessus dessous et décevant l'essaim d'enfants venus attendre à la gare le célèbre comique (seule note amère dans ses souvenirs gouailleurs). Il exploite sa plume pour attaquer dans le journal des étudiants les membres de la faculté et quelques « vaches sacrées » de l'endroit. Il s'intéresse à la littérature, et, à la sortie du collège, il semble que s'impose à lui une carrière d'écrivain. Il lit Proust, pour les débuts de l'œuvre dans la traduction récemment parue, pour le reste en français. Il papillonne, vit quelques mois à Greenwich Village, passe un été en Europe, mais les contacts littéraires et artistiques, au lieu de déclencher l'inspiration, finissent pas susciter une réaction négative. Il rentre à Harvard, et entame avec austérité des études de psychologie.

Il commente lui-même l'échec de sa carrière littéraire avortée : « J'avais échoué comme écrivain parce que je n'avais rien d'important à dire, mais je ne pouvais accepter cette explication. C'est la littérature qui devait être en faute. Une jeune fille avec laquelle j'avais joué au tennis à l'école secondaire — une catholique dévote qui devint religieuse — m'avait un jour cité cette remarque de Chesterton à propos d'un personnage de Thackeray; « Thackeray ne le savait pas, mais elle buvait ». Je généralisai le principe à toute la littérature. L'écrivain pouvait peindre le comportement humain avec précision, mais il ne le comprenait pas pour autant. Je devais garder mon intérêt pour le comportement humain, mais la méthode littéraire ne m'avait pas réussi; je me tournerais donc vers la méthode scientifique. L'artiste Alf Evers, avait facilité la transition. « La science, m'avait-il dit un jour, est l'art du xxe siècle ». La science appropriée semblait bien être la psychologie, bien que je n'eusse pas la plus vague idée de ce que cela voulait dire. »

Ayant renoncé à la littérature, il devait, des années plus tard, devenir l'un des meilleurs écrivains scientifiques contemporains et, en dehors de ses multiples écrits spécialisés, revenir à des genres littéraires dans son roman utopique et son essai *Par delà la liberté et la dignité*.

DES RATS CONDITIONNES A L'UTOPIE SOCIALE

A Harvard, il se plonge dans l'étude de la psychologie et de la physiologie. Tout en amorçant ses travaux expérimentaux, il rédige une thèse théorique sur la notion de réflexe, premier jalon de sa réflexion sur la causalité du comportement. Les options fondamentales du behavioriste sont déjà prises; elles s'accordent peu avec les idées qui dominent, à l'époque, le département de psychologie de Harvard, mais ceci n'empêche personne de reconnaître en Skinner un esprit hors du commun. Il reste à Harvard quelques années comme chercheur post-doctoral, puis, en 1936, commence à enseigner à l'université du Minnesota. Il y poursuit ses travaux expérimentaux sur ce qui deviendra sa contribution scientifique capitale : le *conditionnement operant*. En 1938, il rassemble ses recherches dans un ouvrage qui fera date, *The Behavior of Organisms (Le comportement des organismes)*.

Après un bref passage à l'université de l'Indiana, où il dirige le département de psychologie, il est appelé, en 1948, à Harvard, qu'il ne quittera plus. Il publie, la même année, un roman utopique, *Walden Two* (L'étang de Walden, dans le Massachussetts, servit de cadre à la retraite solitaire de Henry David Thoreau). Bien que la plus grande partie de ses recherches expérimentales porte sur l'animal, le rat et le pigeon surtout, Skinner n'a cessé de se préoccuper d'une approche scientifique du comportement humain. La communauté qu'il dépeint dans *Walden*

Two est fondée sur les principes directement issus du laboratoire, mais elle est aussi une tentative de réponse à une observation lucide et inquiète de la vie sociale actuelle. Ce livre, sur lequel nous reviendrons plus loin, fut assurément pour Skinner une aventure affective; il la qualifie lui-même d'*auto-thérapie,* dans laquelle il lutte pour réconcilier deux aspects de son propre comportement que symbolisent les deux personnages principaux, le fondateur de la communauté et le visiteur critique. Et lui qui, dans ses écrits scientifiques, met en moyenne deux minutes par mot publiable, il rédige en moins de deux mois cette utopie moderne, pendant positif du *Meilleur des mondes* de Huxley. L'ouvrage a aujourd'hui dépassé aux Etats-Unis le million d'exemplaires.

Son intérêt pour le comportement humain se traduit aussi dans des travaux scientifiques. En 1953 paraît *Science and Human Behavior (Science et Comportement humain).* Quatre ans plus tard *Verbal Behavior (Le Comportement verbal)* qui donna au linguiste Chomsky l'occasion d'une revue critique retentissante.

INCURSIONS DANS LES APPLICATIONS

Cependant que les méthodes de conditionnement operant prennent un essor exceptionnel comme outil de recherche fondamentale — dans les laboratoires de psychologie, de psychophysiologie, de psychopharmacologie —, Skinner se tourne vers les applications à l'homme.

Dans le domaine pédagogique, Skinner se consacre à l'élaboration d'enseignements programmés. Il rappelle, dans son autobiographie, comment se déclencha son intérêt systématique pour cette application des données expérimentales à l'éducation. Assistant à une leçon d'arithmétique dans la classe de sa fille, il fut frappé soudain par l'absurdité de la situation. « Il y avait dans cette classe une vingtaine d'organismes extrêmement précieux. Sans qu'on puisse lui en faire grief, l'institutrice violait à peu près tout ce que nous savons sur les mécanismes d'apprentissage. J'entrepris d'analyser les contingences de renforcement qui pourraient être utiles à l'enseignement des matières scolaires et mis au point une série de machines à enseigner qui permettraient au maître de fournir à l'élève, individuellement, de telles contingences. »[5] Si d'autres circonstances simultanées contribuèrent à l'expansion de l'enseignement programmé, le rôle de Skinner fut incontestablement décisif. Les spécialistes actuels, aussi bien que les opposants au mouvement de l'enseignement programmé ne reconnaissent pas toujours la contribution du maître du conditionnement operant, ou, faute de se référer directement à son œuvre, se méprennent sur le sens de l'apport skinnérien. Nous reviendrons sur ce sujet dans un chapitre ultérieur.

Nous bornant pour l'instant à caractériser l'homme de science, nous trouvons, dans l'approche de Skinner aux problèmes éducatifs, une illustration de sa façon d'aborder les problèmes humains. D'une part, il entreprend une critique des conceptions et des méthodes d'action traditionnelles, à la lumière des données scientifiques et de sa théorie du comportement, et il définit les grandes lignes d'une application appropriée de ces dernières. D'autre part, il met à l'épreuve ses propositions en élaborant lui-même, sur ses propres enseignements, un programme, expérimentalement appliqué aux étudiants de Harvard, remanié autant que nécessaire en fonction des résultats obtenus (qui aboutira, après plusieurs années, au manuel programmé, en collaboration avec J. Holland «l'*Analyse du Comportement*»).

Un ouvrage paru en 1968 sous le titre «*The Technology of teaching*»[6] rassemble l'essentiel de sa contribution au domaine éducatif, depuis un article de 1954 «*La Science de l'apprentissage et l'Art d'enseigner*».

Vers la même époque, plusieurs élèves de Skinner s'orientent vers des applications au traitement des malades mentaux. Sans s'engager directement dans l'action, Skinner suit de près leurs travaux, et fournit des contributions théoriques. Pas plus que dans le domaine éducatif, ce n'était pas la première fois, certes, que l'on abordait les troubles du comportement dans la perspective de la psychologie de l'apprentissage. Du cas classique de Watson, le fondateur du behaviorisme, évoquant la désensibilisation progressive d'un enfant phobique, aux développements de Dollar et Miller sur les mécanismes de la psychothérapie traduits en termes d'apprentissage, la thérapie comportementale — la *Behavior Therapy* — avait déjà son histoire. Mais Skinner et son école sont pour beaucoup dans son essor actuel. Ils lui ont apporté ce qui lui manquait: une formulation renouvelée des mécanismes de l'apprentissage qui permettent de dépasser les abstractions stériles où s'enlisait, sous l'influence de Hull, une grande partie du behaviorisme américain; une solide moisson de faits expérimentaux, propres à servir de modèles d'interprétation pour des phénomènes pathologiques; une mise en œuvre rigoureuse dans le contexte clinique des principes dégagés de l'analyse expérimentale, par des spécialistes rompus au travail de laboratoire.

Le mouvement s'est rapidement amplifié, il s'est élargi pour englober dans une même perspective applications thérapeutiques et éducatives au sens le plus large sous l'expression *Behavior Modification* — Modification du Comportement —. Il vit et se développe de sa propre vie, avec ses erreurs, ses excès, ses conflits, ses problèmes scientifiques, pratiques et moraux, ses praticiens rigoureux et critiques, ses zélateurs naïfs, ses marchands. De tout cela Skinner n'est responsable que par l'impulsion donnée, car il n'a jamais songé à fixer une orthodoxie. En fait, sa pensée, et le type de pratique qui s'y rattache le plus logiquement — parmi les formes fort diverses que revêt aujourd'hui la *Behavior Modification* — débouchent sur des propositions fort différentes de ce que l'on attribue généralement aux praticiens, ou qu'en fait, hélas, parfois, ils appliquent.

UNE CRITIQUE DE LA SOCIETE

A vrai dire, pour Skinner, des interventions limitées à quelques domaines de l'éducation, du traitement des malades mentaux, de l'organisation professionnelle n'ont guère de sens. Elles restent sans grande portée si, dans son ensemble, la société reste inchangée, si la conduite des affaires humaines demeure fondée sur une conception de l'homme que l'analyse scientifique devrait nous faire dépasser. Sans doute n'est-ce pas par caprice, ni par ambition de pouvoir que Skinner a récemment décidé de condenser ses idées sur le destin de l'espèce humaine dans un langage qui franchisse les frontières de sa spécialité scientifique et atteigne, alerte le grand public. L'essai au titre de provocateur lancé à l'homme occidental nourri de ces deux idoles, *Par delà la liberté et la dignité,* est né d'une inquiétude, la même qui en a poussé d'autres que lui à livrer leurs réflexions de savants à une espèce prise de vertige devant les révélations de la physique et de la biologie, et saisie d'angoisse face au spectacle de son incapacité à se diriger elle-même. Très différent dans son style et ses propositions, très différent aussi dans son argumentation scientifique, l'essai de Skinner part de la même interrogation, par exemple, que celui de Konrad Lorenz, *Les huit péchés capitaux de la civilisation.* Comment ferons-nous face à la pollution de notre biosphère, comment maîtriserons-nous l'explosion démographique, comment limiterons-nous le gaspillage de nos ressources, éliminerons-nous les actes agressifs individuels ou collectifs, garantirons-nous le non-recours aux armes nucléaires ou biologiques? Pour Skinner, l'homme doit renoncer à la conception qu'il se fait de lui-même, fondée sur les notions de liberté et de mérite prises, illusoirement, pour le moteur de ses actions. Faute d'y renoncer pour adopter une vision nouvelle de soi qu'impose l'analyse scientifique, l'humanité pourrait bien se mettre en péril. Le danger n'est pas moins grave pour elle que si elle refusait de reconnaître la nécessité, pour survivre, de protéger son environnement biologique. Il est même plus grave, affirme Skinner, dans la mesure où notre lutte en vue de sauvegarder l'équilibre de la biosphère est d'avance vouée à l'échec si nous n'usons pas des moyens de la rendre effective au niveau des conduites humaines, moyens que ne nous fournissent par nos procédés actuels de contrôle, mais que seule l'approche scientifique pourra mettre à disposition. Rien, bien sûr, n'oblige l'espèce humaine à prendre les mesures indispensables à sa propre survie. C'est à prendre ou à laisser.

La question est trop sérieuse pour se borner à y répondre par des invectives. Il est facile, et un peu court, d'accuser Skinner de déshumaniser l'homme. Peut-être le remet-il seulement à sa place, à la suite de Galilée, de Darwin, de Freud, et le restitue-t-il ainsi à sa véritable humanité.

LA VIE INTERIEURE

La vie de Skinner n'est pas achevée. Son œuvre non plus sans doute. On peut en attendre encore, vraisemblablement, la seconde partie d'une autobiographie dont on pressent l'intérêt pour l'histoire de la psychologie contemporaine. Qu'on ne s'étonne pas de voir ce psychologue spécialiste des rats et des pigeons se pencher sur lui-même. Il ne fait que confirmer une préoccupation de toujours: «Que ce soit par narcissisme ou par curiosité scientifique, je me suis intéressé à moi-même autant qu'aux rats et aux pigeons», écrivait-il. Ne déclarait-il pas aussi, à un éminent psychologue français qui lui rendait visite peu avant sa retraite et lui demandait à quoi il allait se consacrer: «Je vais m'occuper de ma vie intérieure». Abjuration du behaviorisme? Absolument pas. La vie intérieure reste ce qu'elle est, quelle que soit la manière d'en parler dans une analyse scientifique, comme l'arc-en-ciel n'a rien perdu de sa beauté depuis que Newton a décomposé la lumière, pour reprendre une comparaison familière à Skinner.

Musicien raffiné, amateur de littérature, écrivain, Skinner est peut-être plus conscient de la richesse et de la complexité de l'être humain qu'aucun psychologue contemporain faisant pourtant étalage d'humanisme. La connaissance de l'homme dont témoignent les grands maîtres de la littérature, créateurs de personnages plus vrais que nature, n'est pas de même ordre que celle à quoi vise une analyse scientifique. Si c'était le cas, cette dernière serait totalement superflue. Si l'on s'y engage, il faut naturellement en accepter les démarches particulières, faites de simplifications de méthode, de réductions provisoires, de vérifications de proche en proche, de va-et-vient dialectiques de la théorie aux faits, d'articulations réciproques des techniques aux idées. Ces détours peuvent paraître longs, et de nombreux psychologues contemporains ont préféré y renoncer, et refaire de la littérature. Comme elle n'est pas toujours très bonne, ils lui laissent, pour mieux la vendre, l'étiquette scientifique; mais ce n'est pas de la très bonne science non plus.

L'apport de Skinner, dont nous venons de résumer l'essentiel, présente donc plusieurs aspects, étroitement liés entre eux, et qui s'éclairent mutuellement, mais qu'il est naturellement permis d'adopter en partie seulement. Il faut y distinguer:

- une technique d'expérimentation, symbolisée par la cage de Skinner, dont les mérites ne sont mis en cause par personne, et que vous pouvez utiliser sans pour autant adhérer au projet utopien de *Walden two* ni partager la mise en question de l'homme autonome de *Par-delà la liberté,* tout comme vous pouvez appliquer la méthode psychanalytique pour soigner un névrosé sans suivre Freud dans ses idées sur le malaise de la civilisation;

- des propositions méthodologiques — que l'on pourrait qualifier de behaviorisme élaboré — dont il est permis de reconnaître la valeur heuristique dans les sciences psychologiques sans leur donner des prolongements théoriques ni idéologiques qu'elles ont dans l'œuvre de Skinner;

- un ensemble de faits expérimentaux, recueillis dans

le cadre de ces principes méthodologiques et à l'aide de la technique du conditionnement opérant, et qui fait partie des données accessibles à la communauté scientifique, qui a le loisir de les vérifier, de les interpréter, d'en réduire ou d'en élargir la portée en fonction des progrès de la science, mais qui ne peut les ignorer; ces faits expérimentaux ne se ramènent pas à la prouesse de dressage consistant à enseigner à deux pigeons à jouer au ping-pong, et qui a si souvent excité l'ironie des adversaires de Skinner (à quelqu'un qui lui demandait s'il referait sa vie comme elle avait été, il répliquait: « Oui, sauf que je ne m'y reprendrais pas à apprendre à ces damnés pigeons à jouer au ping-pong ». Je soupçonne qu'il le referait, mais se garderait d'en parler...).

- une théorie du comportement, qui trouve d'abord sa place dans le cadre des psychologies de l'apprentissage, et, au-delà, dans celui de la psychologie générale, et qu'il est parfaitement possible de comparer, d'opposer, de concilier ou d'intégrer à d'autres systèmes psychologiques, dont il est possible de repérer l'originalité et de dépasser les limites;

- enfin une réflexion sur l'homme et la culture humaine, qui découle logiquement dans les vues de Skinner de tous les échelons précédents, que l'on peut discuter, critiquer, rejeter à partir des perspectives les plus diverses, mais que l'on se fera d'abord un devoir de comprendre. Il faut pour cela la rattacher à ses racines. C'est pourquoi nous tenterons, dans les chapitres qui suivent et avant de revenir à ce dernier niveau, appelons-le *idéologique*, de l'œuvre de Skinner, de caractériser la technique, le point de vue méthodologique, la théorie du comportement qui en sont les préalables. Nous le tenterons en réduisant au minimum les notions trop techniques, mais nous ne pouvons les éviter complètement. Aucune science n'est totalement transposable dans le langage courant, et pour la psychologie, qui s'efforce à grand peine de se détacher de celui-ci, il est particulièrement difficile d'y revenir sans engendrer de perpétuelles ambiguïtés.

Au terme de ce parcours, nous verrons si le péril behavioriste est ce que l'on en dit.

CHAPITRE II

LE CONDITIONNEMENT -
QUELQUES MISES AU POINT

CONDITIONNEMENT ET LIBERTE

Le mot *conditionnement* est chargé, dans l'usage courant, de connotations négatives. Il évoque un procédé de contrôle des conduites, dont le modèle nous est fourni par l'étude des animaux, mais qui, appliqué à l'être humain, le dégrade et l'avilit.

L'homme conditionné, par la publicité, par la société de consommation, par les directives de son parti, par sa classe sociale, etc., est un homme asservi. Et pour peu que l'on incline à définir l'homme par sa liberté, le conditionnement devient à la fois l'anti-homme et l'anti-liberté. Toute théorie psychologique qui ferait une large place au conditionnement sera donc rejetée, au nom de l'homme et de sa liberté : elle ne peut qu'être grossièrement réductionniste, et ravaler naïvement l'homme à l'animal, ou bien, si elle a quelque visée pratique, elle déguise sans doute les intentions d'asservissement les plus diaboliques.

La violence des réactions à une théorie scientifique, voire à un fait indiscutablement établi ne nous fournit naturellement pas une mesure de la signification de cette théorie ou de ce fait. Elle indique simplement que certaines habitudes de pensées, qui ne sont généralement pas étrangères à certaines formes de contrôle social, s'en trouvent plus ou moins ébranlées. Ce n'est pas la première fois que la science soulève une opposition très vive au nom des valeurs les plus diverses, opposition qui ne l'empêche d'ailleurs pas de poursuivre son chemin. Si le recul du temps n'avait aidé à éteindre les passions, l'idée que la terre tourne autour du soleil, l'idée que l'homme ne soit qu'un maillon dans l'évolution des espèces, que la vie s'explique non par une force ou un élan mystérieusement insufflé à la matière mais par la présence de conditions physico-chimiques particulières, paraîtraient encore aussi choquantes que la notion de conditionnement. Une idée scientifique ne s'évalue pas correctement avec des attitudes irrationnelles. Elle exige un examen objectif, qui en cerne bien les justifications — tant de fait que de logique — et en situe aussi clairement que possible la portée dans une science qui se développe. La question n'est pas de savoir si elle donne réponse à tout, mais si elle apporte une solution provisoire un peu meilleure aux problèmes que nous ne comprenions pas jusque-là.

Puisque la notion de conditionnement tient dans l'œuvre et la pensée de Skinner une place capitale, il faut nous assurer que nous en saisissons correctement le sens, que nous connaissons l'essentiel des faits et des concepts qu'elle recouvre. Nous pourrons ensuite nous demander si les réactions qu'elle suscite sont fondées rationnellement, ou si elles traduisent des passions, comparables à celles que soulevèrent en leur temps la théorie héliocentrique, la théorie de l'évolution, et plus près de nous, la découverte de la transition entre l'inorganique et l'organique. Nous verrons si le dilemme *conditionnement ou liberté* conserve un sens.

PAVLOV

Bien avant Skinner, c'est, naturellement, à Pavlov, que l'on doit les premières descriptions scientifiques du conditionnement. Ses expériences sont aujourd'hui trop connues pour qu'il soit nécessaire de les reprendre dans le détail. Un bref rappel suffira à situer l'apport de Skinner et à comprendre la distinction entre ce que l'on appelle les *deux types de conditionnement.* Pavlov observa qu'une réaction survenant naturellement à la suite d'un excitant dit inconditionnel (par exemple une réaction salivaire lorsqu'un excitant alimentaire entre en contact avec les muqueuses buccales) pouvait se produire à la suite d'un excitant quelconque si ce dernier a été associé avec l'excitant inconditionnel (l'organisme salive au son d'une sonnerie qui a été associée à l'introduction de nourriture dans la bouche). Par association d'un stimulus dit *conditionnel* à un stimulus inconditionnel, on obtient donc une réaction ou réponse *conditionnelle.* A partir de cette expérience de base, Pavlov et ses élèves explorèrent les propriétés de ces *liaisons temporaires* entre stimuli et réactions, temporaires parce qu'elles sont, à la différence des liaisons inconditionnelles, passibles d'extinction: il suffit pour cela, généralement, de cesser de les *renforcer*, c'est-à-dire de ne plus présenter le stimulus inconditionnel. Ils démontrèrent différents types de réactions conditionnelles — telle que la réaction de défense, initialement liée à un stimulus douloureux — et différentes lois relatives à leur généralisation, à leur différenciation, à leur inhibition.

Pavlov, en cela héritier des idées du grand physiologiste Séchenov, voyait dans ses expériences sur le conditionnement un moyen objectif d'étudier les fonctions du cerveau et d'aborder les problèmes de la psychologie sans renoncer aux principes de la méthodologie propre aux sciences naturelles. Si, pour des raisons pratiques, il adopta le chien comme sujet de prédilection, il s'intéressait à des questions de psychophysiologie générale et humaine. Taxé, comme Skinner aujourd'hui, de réduire l'homme à l'animal, il n'avait cependant pas attendu l'avis de ses critiques (comme Skinner encore) pour se préoccuper des conduites symboliques et verbales — qu'il range dans le second système de signalisation — et des phénomènes de conscience.

Dans une expérience pavlovienne classique, stimuli conditionnels et inconditionnels sont présentés au sujet selon un programme fixé par l'expérimentateur. En d'autres termes, il ne dépend pas du sujet qu'il reçoive la poudre de viande ou le choc électrique : la réaction conditionnelle n'est pas la condition du renforcement. Cette particularité de la situation pavlovienne est importante pour définir, par contraste, la situation utilisée par Skinner.

LA CAGE DE SKINNER

Dans la fameuse cage de Skinner, (fig. 1), un rat appuie sur un levier — chaque appui constituant une *réponse* — et reçoit, à la suite de cet acte, un peu de nourriture ou *renforcement*. Pas de réponse, pas de renforce-

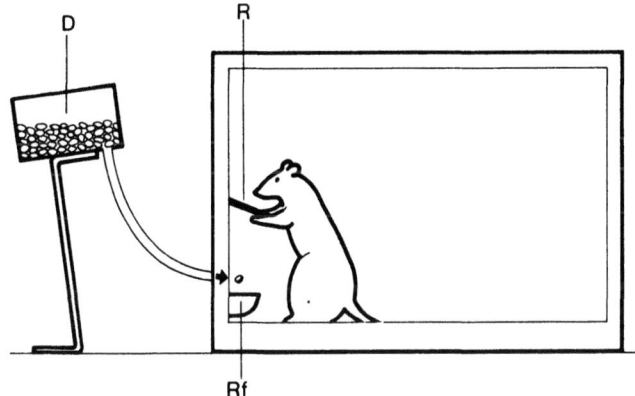

Fig. 1. Cage de Skinner: Le rat actionne le levier R (*Réponse*) et reçoit une pastille de nourriture dans le réceptacle Rf (*Renforcement*).
Les renforcements sont stockés dans le distributeur automatique D.
Des circuits automatiques, non schématisés ici, permettent le contrôle
permanent des opérations expérimentales les plus complexes.

ment. Celui-ci dépend donc du comportement du sujet, il
en est la conséquence. Skinner a désigné cette relation
par l'expression de *conditionnement operant,* l'opposant
au schéma pavlovien ou *répondant,* en en soulignant le
caractère actif. Ce qui est remarquable cependant, ce
n'est pas que la réponse entraîne un renforcement — ceci
peut être dû, à l'origine, à l'effet du hasard: c'est ce qui
survient à la suite de cette conjonction d'événements. La
réponse renforcée tend à se reproduire, sa probabilité
d'émission augmente en fonction du renforcement. L'expérimentateur observera une augmentation de ce qu'il
appelle le *débit* de réponse. Le rat qui auparavant action-
nait le levier rarement ou pas du tout fournit un nombre
important de réponses si elles sont suivies du renforcement. Le comportement est contrôlé par ses conséquen-

ces: c'est là la relation fondamentale que met en évidence le conditionnement operant. Cette relation ne présente pas toujours la simplicité du modèle de base: une réponse, un renforcement. En premier lieu, divers événements du milieu peuvent intervenir à titre de condition pour qu'une réponse soit ou non renforcée. Ainsi, dans le contexte artificiel du laboratoire, on présentera au sujet un signal auditif, en présence duquel la réponse sera renforcée par de la nourriture. Ce signal absent, les réponses seront inefficaces. On désigne le signal par l'expression *stimulus discriminatif.*

En deuxième lieu, le renforcement peut très bien ne sanctionner qu'une partie des réponses; au lieu d'être continu, il peut être *intermittent.* Par exemple, il ne surviendra qu'après un nombre défini de réponses, le rat devant actionner le levier 10 fois, ou 100 fois avant d'être renforcé. Ou bien il ne sera octroyé que si les réponses sont espacées d'un certain délai. Ou encore que si un certain délai s'est écoulé depuis le renforcement précédent. On peut imaginer des variations à l'infini des modalités de relation entre le comportement (ou *réponses*) et les événements du milieu dont il est fonction (à savoir les *renforcements* et les *stimuli discriminatifs*): ce sont ces modalités que Skinner désigne sous l'expression *contingences de renforcement.* Certaines contingences de renforcement ont fait l'objet d'études expérimentales fouillées, et les spécialistes qui se communiquent leurs expériences se bornent aujourd'hui à indiquer qu'ils ont employé tel *programme* de renforcement: ils peuvent se dispenser d'en reprendre chaque fois la description. L'examen détaillé de ces programmes sortirait de notre propos[1]. Il suffira de préciser que les contingences se subdivisent en deux grandes catégories. D'une part les contingences *positives* mettent en jeu un renforcement qui provoque une réaction d'approche : l'organisme travaillera pour l'obtenir. De la nourriture pour un animal affamé, l'accès à un partenaire sexuel, une stimulation intracérébrale dans les sites du « plaisir », sont autant d'événements utilisables dans des contingences positives. D'autre part, les contingences *aversives* mettent en jeu un événement qui provoque une réaction de retrait, de fuite. Un choc électrique, par exemple, est un stimulus aversif, ou, si l'on veut, négatif. Les contingences aversives se subdivisent à leur tour en trois catégories : *contingences punitives, contingences d'échappement, contingences d'évitement.* Dans le premier cas, le choc électrique sanctionne la réponse — précédemment installée à la faveur d'autres contingences — et l'élimine, du moins dans la situation où elle est punie. Dans le second cas, la réponse a pour effet de mettre fin au choc électrique. Enfin, dans les contingences d'évitement, la réponse soustrait anticipativement l'organisme au choc dont il est menacé : en appuyant sur le levier, le rat élimine le choc électrique qui allait survenir.

LE ROLE DU MILIEU

Toutes ces contingences supposent un animal actif, dont le comportement n'est pas au sens strict déclenché par elles, mais plus exactement modulé. Pour reprendre l'expression de Skinner, le milieu ne déclenche pas les comportements, il les *sélectionne,* les entretenant ou les éliminant, selon les contingences en vigueur. Le stimulus discriminatif, par exemple, ne joue pas le rôle d'un excitant provoquant une réaction, à la manière d'un réflexe, il est une condition dont la fréquence du comportement est fonction. Skinner n'est donc pas le représentant attardé des théories stimulus-réponses, contrairement à ce que l'on affirme généralement, même dans les manuels de psychologie américains les plus récents. Le premier chapitre de *l'Analyse expérimentale du Comportement* (1971) ne laisse subsister à ce sujet aucune ambiguïté. Dans ce texte, intitulé *le rôle de l'Environnement,* Skinner insiste sur la primauté qui revient, dans l'action du milieu, aux événements renforçants. « Les stimuli préalables, poursuit-il, ne sont pas indifférents. Tout stimulus présent quand un opérant est renforcé acquiert une fonction de contrôle dans ce sens que le débit sera plus élevé lorsqu'il sera présent. Un tel stimulus n'agit pas exactement comme un déclencheur; il ne provoque pas à proprement parler la réponse, il ne la force pas à se produire. Il n'est qu'un aspect, essentiel peut-être, des circonstances dans lesquelles une réponse est émise et renforcée. La différence est clairement précisée en recourant au terme *«stimulus discriminatif»* [2].

Un exemple très simple, dans le cadre de la cage de conditionnement, aidera à saisir cet aspect capital de la conception de Skinner. Entraînons-y un rat à fournir un appui sur le levier en lui donnant, après cette réponse, un peu de nourriture. Montrons-nous ensuite de plus en plus exigeant, et demandons-lui, en fin de compte, 40 réponses par renforcement. Dans ces conditions, il «travaillera» de façon rapide et soutenue, et produira peut-être un ou deux milliers d'appuis en une heure d'expérience, ce qui lui vaudra 20 à 40 renforcements. La répartition de ses réponses dans le temps prendra l'allure de courbe a de la figure 2. Notons qu'il n'y a ici aucun stimulus particulier clairement identifiable qui précède chaque réponse. Le comportement se déroule évidemment dans un milieu

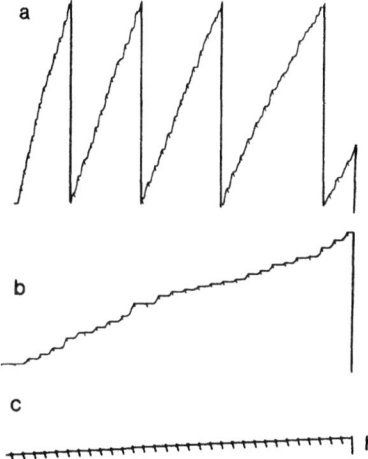

Fig. 2. Courbes cumulatives illustrant les variations du débit de réponse en fonction du programme de renforcement. Le tracé cumulatif se construit en cours d'expérience en se décalant sur l'ordonnée (vers le haut) à chaque réponse cependant que le papier se déroule selon l'axe horizontal. Plus la pente du tracé est raide, plus les réponses sont nombreuses. En l'absence de réponses, le tracé est plat. La hauteur maximum de l'ordonnée (appréciable en *a*) correspond ici à 500 réponses; lorsqu'elle est atteinte, la plume revient rapidement au point zéro (4 fois dans la courbe *a*). Les déflections de la plume indiquent les renforcements alimentaires. En *a*, l'animal doit fournir 40 Réponses pour obtenir un renforcement; il totalise plus de 2.000 Réponses en 1 heure. En *b*, sur programme à intervalle fixe de 2 minutes, on observe de longues pauses après chaque renforcement : un réglage est intervenu sur base de la durée. En *c*, un signal auditif indique le moment où le renforcement est disponible, de 2 en 2 minutes : le sujet ne fournit plus aucune réponse en dehors de ce signal (voir texte).

précis, mais ce ne sont pas les détails de ce milieu — taille de la cage, matériau des parois, longueur du levier, etc. — qui déterminent, pour l'essentiel, l'allure de la courbe cumulative; ce sont les modalités de la relation entre le comportement et renforcement, c'est-à-dire le *programme de renforcement.* Pour nous en convaincre, il suffit de changer de programme, sans rien modifier à la situation d'ensemble. Abandonnons le système de renforcement régulier d'une réponse sur 40, pour octroyer le renforcement à la suite de la première réponse qui se produit après qu'un délai de 2 minutes se soit écoulé depuis la réponse renforcée précédente. Au programme à *proportion constante,* nous avons substitué le programme à *intervalle fixe.* La répartition des réponses se modifie radicalement, comme le montre clairement la courbe b: au débit rapide et soutenu fait place une alternance de pauses — immédiatement après les renforcements — et de phases de réponses — à l'approche de la fin du délai. De toute évidence, un réglage temporel est intervenu. Or, aucun stimulus au sens strict n'a été enlevé ou introduit. Si, par contre, nous décidons de signaler au sujet la possibilité d'obtenir un renforcement en faisant retentir un vibreur, tout en conservant une périodicité de 2 en 2 minutes, il en viendra rapidement à n'émettre ses réponses qu'au moment où le signal sera en vigueur (courbe c). Ce dernier exercera un contrôle précis sur le comportement, sans qu'il soit correct d'affirmer qu'il déclenche la réponse: il constitue simplement une occasion où, les chances de renforcement étant certaines, la probabilité que se produise une réponse est au maximum.

La relation essentielle, dans l'interaction organisme-milieu, n'est pas entre stimulus et réponse, mais entre comportement et conséquences renforçantes. Il faut d'abord qu'il y ait comportement pour que s'exerce l'action sélective du milieu, ce comportement préalable offert en quelque sorte à cette action sélective étant lui-même résultante de facteurs hérités et de l'histoire individuelle (donc des actions sélectives antérieures).

DEBIT ET STRUCTURE

Skinner a mis l'accent, dans toute son œuvre expérimentale, sur l'analyse du *débit* de réponse, c'est-à-dire
sur les fluctuations de la fréquence ou de la probabilité
d'apparition d'une réponse définie, en fonction des
contingences de renforcement. Il a négligé l'analyse de ce
qu'il appelle la *topographie* de la réponse, que nous pourrions appeler d'un terme plus usuel, sa *structure*. L'appui
sur un levier n'est pas une réponse de structure identique
à la locomotion, tout comme, chez les sujets humains,
une conduite verbale présente des particularités structurales qui la distinguent d'une conduite motrice manuelle.
Ces différences de structure méritent naturellement de retenir l'attention, et dans la mesure où l'on souhaite rendre compte de la psychologie d'une espèce donnée, l'espèce humaine par exemple, on sera nécessairement
amené à les décrire. Mais, pour Skinner, il faut envisager
par priorité les mécanismes qui permettent de comprendre l'apparition de ces structures comportementales, à
travers l'évolution des espèces d'une part, à travers
l'évolution de l'individu d'autre part. On n'aura jamais
épuisé la description des innombrables formes de comportement caractéristiques de toutes les espèces animales. Leur origine, comme celle des innombrables caractères morphologiques, demeurerait incompréhensible si
l'on n'avait pu les ramener à un mécanisme général, fort
simple en son principe, la sélection naturelle. S'intéresser
aux effets des contingences de renforcement sur des dé-
bits de réponse, c'est adopter, au niveau de l'ontogenèse,
une approche analogue à celle qui, au niveau de la phylogenèse, considère les mécanismes sélectifs plutôt que
l'inventaire exhaustif des formes qu'ils ont produites. Il
ne s'agit donc nullement de nier la diversité des topogra-

phies de comportement, ni de les écarter d'une analyse scientifique. Mais les descriptions des structures, aussi raffinées soient-elles, ne nous éclairent pas sur leur genèse, sur les facteurs dont elles sont fonction, ni sur les facteurs qui les entretiennent. Nous touchons là au débat qui oppose, en psychologie moderne, comme en bien d'autres domaines des sciences humaines, les partisans d'une analyse formelle et les partisans d'une analyse fonctionnelle.

Toute science est confrontée à la tâche difficile d'articuler l'analyse des structures et l'étude des processus dynamiques par quoi elles émergent, se modifient, ou simplement fonctionnent et s'entretiennent. Il est donc légitime, par méthode, de porter sur un aspect plutôt que sur l'autre toute son attention et son effort de recherche, et de différer le moment où les deux approches se conjuguent pour rendre compte du réel sans rien sacrifier de sa complexité structurale ni de son dynamisme fonctionnel. Il est naturel que dans une science aussi jeune que la psychologie ce moment ne soit pas encore tout proche et qu'il faille dès lors non seulement tolérer que les recherches aillent dans les deux directions, mais s'en réjouir. Pourquoi des courants qui devraient, même en s'ignorant momentanément, se savoir complémentaires, en viennent-ils à s'opposer, parfois avec toute la vigueur de la polémique ? Pour une part, il faut bien reconnaître, dans certaines formes modernes de structuralisme, un exclusivisme dogmatique. Alors que le behaviorisme Skinnérien, comme nous le verrons à propos du comportement verbal, a toujours admis la légitimité et la place de l'analyse formelle, la réciproque n'est pas toujours vraie : un formalisme comme celui de l'école chomskyenne s'affirme ouvertement hostile à l'approche fonctionnelle de

Skinner. Quoi qu'il y paraisse, ceci n'est pas simple affaire d'humeur. Souvent, en sciences humaines, les approches formelles ne se bornent pas à la description des structures des comportements — seul matériau, en fin de compte, à leur disposition. Elles tendent à faire passer leur analyse pour révélatrice d'une structure de l'esprit. Elles alimentent par là le point de vue mentaliste, et s'inscrivent dans une orientation contradictoire à celle du behaviorisme. C'est ce glissement de l'analyse structurale à la conception mentaliste qui occasionne cette tension dans les sciences psychologiques au sens large. Il n'y a rien, dans la description des structures de parentés ou de l'agencement des mythes, qui s'oppose à une analyse behavioriste; mais quand cette description se trouve identifiée à une description des structures de l'esprit humain, saisi de manière en quelque sorte intemporelle, elle ne s'y oppose pas seulement, elle l'exclut. De même, il n'y a, dans un essai de description formelle du système syntaxique, rien d'incompatible avec une approche fonctionnelle, qui la complète, sauf si cette description formelle se donne pour modèle d'une compétence du sujet, donc d'une faculté de l'esprit à laquelle pourrait s'arrêter l'analyse. Levi-Strauss et Chomsky ne sont que deux représentants, particulièrement marquants, d'une tendance que l'on retrouve dans tous les domaines des sciences comportementales. Le behaviorisme écarte le postulat mentaliste — son objection n'étant pas, comme y insiste Skinner, le caractère mental des entités qu'il invoque, mais le fait qu'elles coupent court à l'explication. La structure du langage, la structure des institutions, celle des mythes, des rêves, des communications interindividuelles sont des structures de comportement: dire qu'elles sont ce qu'elles sont parce qu'elles correspondent à la structure de l'esprit, laquelle en serait l'origine, ou la cause, n'ajoute rien d'utile à notre savoir. Cela nous dispense trop facilement de pousser plus loin l'enquête, dans l'évolution de l'espèce, dans son histoire culturelle, dans l'histoire individuelle, dans la machine nerveuse — mais dans ce cas, avec les outils appropriés, qui sont ceux du physiologiste et non du psychologue mentaliste.

Si toutes les sciences connaissent le problème de l'articulation de l'approche structurale et de l'approche fonctionnelle, elles ne se heurtent pas à une difficulté analogue à celle qui découle, dans les sciences du comportement, de la survivance du mentalisme. Là où les autres sciences rencontrent des problèmes d'ordre méthodologique et logique, la nôtre demeure confrontée à une question philosophique.

PIGEONS ET POETES

Pour qui, comme Skinner, adopte l'approche fonctionnelle, il est pratique de mettre en évidence les mécanismes de la sélection des conduites au niveau de l'ontogenèse en étudiant dans le détail le comportement de quelques espèces dans la situation artificielle du laboratoire. Ces études fourniront un modèle d'interprétation cohérent pour comprendre les phénomènes observés dans le milieu naturel, sous réserve évidemment de corrections, plus ou moins importantes, elles-mêmes sources de nouvelles mises à l'épreuve au laboratoire. Des démarches identiques sont courantes dans toutes les sciences, et notamment chez les spécialistes des mécanismes de l'hérédité, qui ont jugé plus commode d'étudier des populations de mouches en laboratoire plutôt que les éléphants dans la nature. Personne ne proteste lorsqu'ils suggèrent que les lois dégagées à partir de l'étude des mouches pourraient bien avoir joué dans l'évolution des éléphants.

Or l'approche de Skinner, s'appliquant au comportement, soulève des objections tenaces comme si, en cette matière, on se rendait coupable d'anéantir l'objet d'étude dès l'instant où, par méthode, on décide de mettre entre parenthèses la diversité des formes sous lesquelles il se présente. Un Dobzhanski ne se voit pas accusé de réduire le règne animal aux ailes des mouches ou aux facettes de leurs yeux. Il est couramment reproché à Skinner ou aux expérimentateurs de même tradition de réduire le comportement du rat à l'acte stupide d'appui sur un levier, et de ramener l'homme à ce rat désincarné. « Sommes-nous des Rats ? » titrait un journaliste à propos de *Par-delà la liberté et la dignité* [3], et Chomsky, adversaire farouche de Skinner, stigmatise les psychologues incapables de faire la distinction entre un pigeon et un poète. Les poètes sont assurément des êtres très compliqués, trop compliqués pour que nous puissions espérer comprendre comment ils créent en les regardant faire, alors que les actes les plus élémentaires d'organismes beaucoup plus simples échappent encore, le plus souvent, à notre analyse.

STEREOTYPIE ET VARIATION

Faute d'avoir saisi la signification de l'analyse du comportement en termes de contingences de renforcement et de débit de réponse, beaucoup de gens croient que les conduites étudiées dans le cadre du conditionnement operant sont par définition non seulement limitées dans leur complexité, mais stéréotypées. Ils objectent que le comportement est plus riche et plus diversifié dans ses formes — nous venons de voir le sort qu'il convient de faire à cette objection — et qu'il ne présente pas la rigidité de l'appui sur le levier. Cette dernière objection soulève tout le problème du changement du comportement et de la nature de l'apprentissage, ou d'une manière générale de l'apparition des conduites nouvelles. Le comportement d'un organisme peut changer sous deux aspects. Il peut changer quant à sa fréquence d'apparition, — son débit — en fonction de contingences de renforcement qui se modifient tout en contrôlant la même réponse. Ainsi, dans tel programme de renforcement, un sujet fournira 200 réponses avant d'obtenir un renforcement alimentaire, et produira 2.000 ou 3.000 réponses en une heure, à un rythme élevé. Que vienne ensuite un programme qui exige l'espacement des réponses d'un délai de 60 sec. au moins, nous verrons le débit descendre à une ou deux centaines de réponses à l'heure, dont la moitié ou le tiers seront renforcées. Personne ne niera que cette modification, liée aux caractéristiques du programme en vigueur, soit un apprentissage.

Le comportement peut aussi changer quant à sa forme: un rat qui n'a jamais encore pénétré dans une cage de Skinner n'a pu produire de réponse d'appui sur un levier; cet acte est, en un sens, nouveau. Il en va de même pour un être humain qui apprend à rouler à vélo. Or si les lois de l'apprentissage ne portaient que sur le débit de réponses définies, susceptibles de varier quant à leur répartition dans le temps mais non de se transformer, on comprend mal comment des conduites nouvelles pourraient apparaître. L'effet des contingences de renforcement consisterait à moduler la probabilité d'apparition des unités de comportement existant dans le répertoire, mais ce dernier demeurerait figé dans sa forme. Un problème analogue s'est posé dans la théorie de l'évolution. D'où viennent les formes multiples et de plus en plus complexes du monde vivant? Le jeu de la sélection naturelle, à lui seul, ne peut suffire à les expliquer. En effet, à partir d'une structure génétique donnée, la seule sélection naturelle ne peut que retenir et éliminer, elle n'ajoute rien. Pour passer des protozoaires aux primates, il faut donc que surviennent des structures nouvelles, sur quoi la sélection puisse opérer. Ces structures nouvelles ne dérivent pas de quelque force créatrice, de quelque volonté de dépassement, ni de quelque insatisfaction des gènes en évolution. Elles sont, sans plus, le fruit d'une variabilité inhérente au système génétique, des accidents qui s'y produisent en dépit des mécanismes qui en garantissent l'invariance. Dans les mutations, accidents dont la plupart restent sans lendemain, la sélection trouve un matériau nouveau sur lequel agir, et au sein duquel pourront être retenues des formes nouvelles.

Au niveau ontogénétique, quel est le mécanisme qui permet de rendre compte de l'apparition des comportements nouveaux? Il est clair qu'un répertoire comportemental minimum existe en puissance chez chaque être de par sa structure héritée, et il faut supposer que toute conduite nouvelle se greffe sur ce répertoire de base dont l'évolution a doté chaque espèce. C'est sur lui au départ qu'agissent les contingences de renforcement. Pour qu'une conduite nouvelle apparaisse et soit sélectionnée par ses conséquences, il faut que les réponses ne se produisent pas de manière stéréotypée, mais présentent une certaine variabilité. C'est celle-ci qui fournit le matériau sur lequel la sélection du milieu, par le jeu des renforcements, pourra opérer, comme la sélection naturelle opère

sur les mutations. La nature et les origines de cette variabilité du comportement sont moins claires encore, à
l'heure actuelle, que pour les mutations. On peut dire,
d'une manière très générale, que plus les organismes sont
sensibles aux contingences de renforcement — plus ils
sont aptes à «apprendre», — et plus leur comportement
présente de mobilité, plus le registre des variations possibles est étendu. Ce problème retiendra notre attention
plus loin.

RENFORCEMENT OU MOTIVATION ?

La notion de renforcement tient une place centrale
dans les conceptions skinnériennes. Elle suscite, plus encore que les autres, la controverse, voire l'irritation. Il
semble que, par l'usage qu'il en a fait — on serait tenté
de dire l'abus — Skinner élude le problème de la motivation, et se débarasse avec une excessive désinvolture de
la catégorie principale de sources intérieures du comportement. En définissant le renforcement — un événement
qui, survenant à la suite d'une réponse, augmente la probabilité d'apparition de celle-ci — il se dispense un peu
facilement de chercher dans l'organisme l'origine des actions dans lesquelles il s'engage. Toutes les conséquences ne contrôlent pas indistinctement les réponses qu'elles suivent. Imaginons un rat affamé appuyant sur le levier et qui, au lieu de déclencher par cet acte un distributeur de nourriture, provoque quelques notes musicales.
Cette conséquence n'entraînera, dans cette circonstance,
aucune augmentation du débit de réponses. Elle est, dans
ce contexte du moins, hors de propos. Il ne suffit donc
pas qu'un événement survienne après une réponse pour
qu'il ait statut de renforcement. Que faut-il donc ? Dans

le cas qui nous occupe, le rat affamé, la solution paraît simple: l'animal a faim et sera renforçant tout événement propre à réduire le besoin alimentaire, lequel peut être défini en termes physiologiques. On pourrait être tenté de dire qu'un événement est renforçant s'il contribue à la *satisfaction d'un besoin,* s'il répond à une *motivation.*

Dès lors, n'est-il pas plus intéressant d'identifier les besoins, de saisir les motivations plutôt que d'insister sur les renforcements? En prenant le parti de s'attacher à une description minutieuse des renforcements — et des programmes de renforcement, — Skinner ne fait-il pas, en quelque sorte, glisser les motivations de l'organisme qui en est le siège vers le milieu, qui se borne à y apporter les satisfactions attendues?

Pour comprendre l'approche de Skinner sur ce point, il faut à nouveau la situer par rapport aux courants mentalistes auxquels elle s'oppose. Les efforts théoriques de nombreux psychologues américains du second quart de siècle se sont épuisés dans des constructions abstraites sur la notion de besoin, cependant que se multipliaient, dans les contextes les plus divers de la psychologie humaine, les besoins *ad hoc* invoqués pour expliquer toutes les formes de conduites rencontrées.

Les psychologies de la motivation en étaient venues, pour expliquer les conduites des organismes, à invoquer autant de besoins que nécessaire. A côté du besoin alimentaire, du besoin d'eau, du besoin sexuel, dont le substrat physiologique est assez clair, on parlera de besoin d'imitation si l'individu imite son voisin, de besoin d'identification s'il s'identifie à lui, de besoin ludique s'il joue, de besoin de possession s'il accapare et marque comme siens les objets, de besoin de supériorité s'il domine ses semblables, de besoin d'autonomie s'il agit de façon à sauvegarder son indépendance, de besoin d'agression s'il attaque autrui, de besoin d'affiliation s'il recherche la compagnie de ses congénères, de besoin d'accomplissement s'il réalise quelque production personnelle, etc. Ces besoins n'ont évidemment pas le même statut que des besoins physiologiquement définis, et ils n'expliquent pas plus les comportements que ne le faisaient les facultés de la vieille psychologie. Un acte agressif, un comportement imitatif, une œuvre artistique ne se trouvent pas éclairés du fait qu'on leur assigne, comme cause, le besoin correspondant, si ce dernier n'est qu'une inférence sur laquelle l'analyse scientifique n'a aucune prise, et de plus une inférence non nécessaire. Plutôt que d'invoquer un besoin *ad hoc*, une analyse scientifique cherchera à identifier les variables dont un comportement donné est fonction. Elle s'aperçoit rapidement que le concept de motivation, comme celui de besoin, rassemble en vrac une diversité de variables de nature très différente. Ainsi, un acte agressif pourra dans certains cas apparaître largement déterminé par l'histoire phylogénétique et très étroitement associé aux conduites alimentaires, comme chez les animaux prédateurs. Dans d'autres cas, les contingences de renforcement auxquelles le sujet a été exposé en cours de développement expliqueront le déclenchement des conduites agressives dans telles circonstances et non dans d'autres, par exemple envers des individus détenant l'autorité, par généralisation de réactions originellement dirigées vers les parents. Dans d'autres cas encore, on détectera une anomalie de fonctionnement dans le système nerveux central. On comprend sans peine que le *besoin d'agression* renvoie, dans chacun de ces cas, à des choses très différentes, plus éclairantes que la notion vague de besoin. Les besoins biologiques élémentaires eux-mêmes sont loin de constituer des entités simples. Les conduites alimentaires, par exemple, si elles sont étroitement liées au déficit de l'organisme en certaines substances, sont également tributaires de toutes sortes de contingences de renforcement : en manipulant ces dernières de façon appropriée, on parviendra à faire manger ou boire un rat avec excès, et à le rendre obèse. Le « besoin alimentaire » au sens strict n'explique pas une grande part des conduites de consommation de nourriture de beaucoup d'êtres humains !

Skinner propose donc de se dispenser, du moins provisoirement, d'un inventaire des besoins et de procéder à une identification des renforcements. En définissant ces derniers comme des événements qui, survenant après une conduite donnée, augmentent la probabilité d'apparition de cette dernière, il ne s'encombre pas prématurément d'une théorie de la motivation, et ne court pas le risque de confondre dans un concept d'apparence homogène des choses en réalité très hétérogènes, risque que n'ont pas réussi à éviter les théories de la motivation, spécialement en psychologie humaine.

Comment savoir si un événement possède des propriétés renforçantes ? Naturellement, en observant l'augmentation des réponses qui le procurent. Si nous octroyons de la nourriture à un rat chaque fois qu'il appuye sur le levier, et que le nombre d'appuis augmente, la nourriture est renforçante. Nous le vérifierons par la manœuvre inverse : cessons de donner de la nourriture et les réponses se feront de plus en plus rares. Dans ce cas, nous savons quelque chose de la relation entre la nourriture et l'état de l'organisme — le besoin physiologiquement défini — et nous comprenons pourquoi la nourriture est renforçante. Mais nous aurions pu identifier le renforcement sans rien connaître de cette relation, et c'eût été un premier pas utile de l'analyse. C'est à ce stade que nous en sommes pour la plupart des renforcements. Ainsi nous savons qu'un rat et un singe fourniront des réponses renforcées par la seule modification du milieu perceptif : une stimulation ou un changement de stimulation constituent un renforcement. Ce genre de renforcement est-il comparable à la nourriture, vient-il combler un déficit, et de quelle nature ? Nous l'ignorons. L'animal qui agit pour s'octroyer une stimulation intracérébrale dans les « centres du plaisir » est de toute évidence renforcé : supprimons la stimulation électrique et ses réponses s'éteignent. A quel *besoin* peut bien correspondre ce type de renforcement ? Nous n'en savons rien. Mais cela ne nous empêche pas d'analyser la manière dont il contrôle le comportement.

Cette approche au problème motivationnel substitue donc une analyse des relations entre événements objectivables à une pseudo-explication par des entités inférées. Elle évite de « chosifier » prématurément les besoins imaginés à l'origine des conduites. Elle ne préjuge en rien de ce que sera une théorie générale des motivations vraiment acceptable, s'accommodant par exemple aussi bien, selon les cas, d'une conception fondée sur la réduction du besoin que d'une conception hédoniste. Elle implique une certaine méfiance pour les représentations métaphoriques couramment appliquées aux besoins : systèmes d'accumulation d'énergie à décharger, systèmes de fluides sous pression dans des réservoirs éventuellement communicants et autorisant ainsi les compensations régulatrices, etc. Ces représentations métaphoriques, auxquelles les plus grands théoriciens, de Freud à Lorenz, eurent recours à des fins didactiques, ont contribué à figer des idées simplistes sur les motivations.

Certes, une fois les renforcements identifiés et leur rôle bien établi, il reste à expliquer ce qui en fait des renforcements, sans retomber dans les pseudo-explications dont on vient de sortir, c'est-à-dire sans invoquer un besoin correspondant à chaque renforcement, comme on a invoqué un besoin correspondant à chaque secteur d'activité. Certains événements sont devenus renforçants au cours de la phylogénèse, d'autres le sont devenus au cours de l'ontogénèse. Certains renforcements se rattachent directement aux grandes fonctions physiologiques capitales dans la survie de l'organisme et de l'espèce — nutrition, protection du danger, respiration, reproduction —. D'autres s'y rattachent indirectement. Les premiers sont des renforcements primaires, les seconds des renforcements secondaires. Ces derniers ne doivent leur valeur renforçante qu'à leur statut d'intermédiaires, conduisant au renforcement primaire. Ils sont particulièrement importants dans l'espèce humaine, à la faveur, entre autre, de la fonction symbolique.

Avant de quitter le problème du renforcement, il nous faut encore signaler un phénomène significatif. Il arrive qu'un événement renforçant sanctionne une réponse de façon purement fortuite. Ainsi, un expérimentateur peut délivrer de la nourriture au sujet de temps à autre, au hasard, sans le moindre rapport avec la production d'une réponse définie. Imaginons qu'à ce moment-là le sujet, un pigeon, était en train de battre des ailes. La loi du renforcement entraîne une augmentation de la probabilité de cette réponse: le pigeon bat des ailes de plus belle, et les chances augmentent pour que la prochaine présentation de nourriture (toujours au hasard) coïncide à nouveau avec un battement d'ailes. Et ainsi de suite, au point que le battement d'ailes est produit avec une constance égale à celle d'une réponse «coup de bec» qui aurait été conditionnée délibérément. Skinner a appelé ce genre de comportement *conduite superstitieuse*. Elle ne peut s'installer qu'à la faveur de l'efficacité des renforcements intermittents, et d'autant plus aisément que l'espèce est sensible aux contingences de renforcement. Il ne fait pas de doute que l'espèce humaine est particulièrement riche en conduites de ce genre.

L'OUTIL DE RECHERCHE

Il faudrait un énorme volume fort technique pour résumer la masse de données expérimentales que la méthode du conditionnement operant a produite au long de près d'un demi-siècle. Quelques exemples aideront ici à en saisir la diversité, et à se convaincre que, sans ternir les mérites des dresseurs de cirque, les pigeons jouant au ping-pong ne représentent pas le sommet des découvertes des laboratoires skinnériens.

Que perçoit du monde qui l'entoure telle espèce animale? Pour répondre à cette question, nous ne pouvons naturellement demander au sujet de nous raconter ses impressions. Nous devons nécessairement interroger son comportement. C'est ce qu'ont fait les naturalistes et les éthologistes, en analysant les caractères des stimulations auxquelles réagissent les animaux dans leur milieu de vie habituel. Mais il n'est pas toujours facile d'opérer «sur le terrain», surtout si l'on veut atteindre un haut degré de précision. C'est généralement vers le laboratoire de conditionnement operant que se tournera le chercheur, pour établir, par exemple, les seuils absolus et différentiels de la vision, de l'audition, de l'olfaction. La rigueur du contrôle des variables, la multiplication aisée des mesures qu'autorise l'automatisation permettent d'obtenir des résultats d'une haute validité, qui n'ont rien à envier à ceux de la vieille psychophysique des sujets humains, toujours tributaire de la compréhension d'instructions verbales et, en dernier ressort, de la méthode introspective. Parmi les chercheurs français à utiliser le conditionnement operant, on compte par exemple des éthologistes spécialistes des lémuriens, désireux de caractériser les capacités sensorielles de ces primates inférieurs (à la station du Musée d'Histoire Naturelle à Brunoy).[4]

A côté de son intérêt intrinsèque pour le comparatiste, cette référence au comportement est naturellement indispensable au neurophysiologiste qui explore les structures nerveuses impliquées dans les activités perceptives; il la souhaite naturellement aussi rigoureuse et raffinée que les données fournies par ses instruments de physiologiste. On peut ainsi aller très loin dans la découverte de la perception de l'animal. Chacun connaît les phénomènes d'image consécutive. Après avoir fixé une figure colorée, rouge par exemple, pendant quelques secondes, dans des conditions d'éclairement convenables, nous voyons brièvement une figure semblable mais de couleur complémentaire. Par une exploitation ingénieuse des techniques de conditionnement discriminatif, on a pu démontrer des images consécutives complémentaires chez le pigeon.[5]

Comment les organismes évaluent-ils le temps? Comment, et avec quelle précision, estiment-ils la durée des événements extérieurs? Comment règlent-ils temporellement leurs propres conduites? Ces questions sont aujourd'hui à l'ordre du jour de la chronobiologie. Mais on y a porté l'attention, jusqu'ici, essentiellement, sur les rythmes biologiques correspondant à de grandes périodicités naturelles (le cycle circadien, les rythmes saisonniers), ou à des périodicités physiologiques de base (rythmes cardiaque, électroencéphalographiques, etc.). Or, les organismes, les animaux aussi bien que l'homme, opèrent de multiples ajustements et réglages temporels en dehors des périodicités biologiques fondamentales (bien que non nécessairement sans liens avec elles). L'étude de ces phénomènes, jusqu'à un certain point possible, chez l'homme, à l'aide des méthodes traditionnelles de la psychophysique, n'est réalisable chez l'animal que grâce aux méthodes de conditionnement. Ainsi peut-on établir la précision avec laquelle un chat est apte à évaluer la durée d'un acte moteur prolongé, avec laquelle un pigeon peut distinguer quant à leur durée deux stimuli visuels par ailleurs identiques, ou un rat « retenir » sa réponse d'un délai défini. L'accumulation de données expérimentales sur ces phénomènes nous permettra peu à peu de comprendre les mécanismes de l'adaptation des organismes au temps, mécanismes assurément non moins importants que ceux de leur insertion dans l'espace. Elles éclaireront aussi des problèmes, parfois très pratiques, de physiologie humaine. Ainsi, l'individu peut-il être soumis de façon prolongée à des contraintes temporelles périodiques sans que s'ensuivent des détériorations de ses performances ou des perturbations secondaires de ses conduites ? Certains résultats obtenus chez l'animal invitent à se poser ce genre de question, qui fait écho aux questions soulevées par les chronobiologistes à propos des altérations radicales des rythmes circadiens dans les franchissements rapides de plusieurs fuseaux horaires ou les régimes de travail par rotation d'équipes.

La méthode de conditionnement a aussi fourni un outil de choix pour l'étude expérimentale des médicaments du système nerveux central, dont on connaît l'essor depuis la découverte, il y a un quart de siècle, des premiers neuroleptiques. Outil de choix parce que ses caractéristiques permettent en ce domaine ce que d'autres méthodes ne permettent pas: des études prolongées sur des sujets individuels propres à mettre clairement en évidence l'action à long aussi bien qu'à court terme, les propriétés toxicomanogènes, les effets différentiels sur des types de comportements parfois très voisins. La psychopharmacologie expérimentale par le conditionnement operant a fourni à ce domaine de la pharmacologie des contributions critiques, mettant sans cesse en garde contre les simplifications et généralisations abusives auxquelles beaucoup de gens ne sont que trop tentés. A disséquer minutieusement les comportements dans la cage de Skinner, il faut bien se convaincre qu'il n'est pas légitime, au vu des résultats de deux ou trois tests expéditifs, de consacrer les vertus miracles d'une drogue contre l'anxiété, contre l'émotivité, les pertes de mémoire ou les insuffisances intellectuelles. L'action d'une drogue ne peut se caractériser que par référence à des comportements qui n'ont eux-mêmes d'intérêt que si nous sommes en mesure de clairement les mesurer et les contrôler. Il suffit souvent d'un changement mineur dans le comportement de référence, lié à la modification d'une variable de l'environnement, pour que l'action de la drogue se présente très différemment. Si de nombreux chercheurs et de nombreux laboratoires se sont montrés attentifs à la complexité de cette interaction drogue-comportement, d'autres ont préféré s'en tenir à des références psychologiques beaucoup plus globales et beaucoup plus vagues, empruntées aux approches mentalistes traditionnelles. Ils entretiennent par là l'illusion des drogues miracles, et l'abus que l'on en fait.

Nous sommes ici en présence d'un curieux paradoxe auquel il vaut la peine de s'arrêter un instant. Le psychopharmacologue qui continue à recourir aux schémas mentalistes et qui caractérise l'effet psychologique de ses substances par rapport à des entités aussi générales que l'anxiété, l'agressivité, la dépression, la mémoire, l'intelligence, passe pour plus sensible aux dimensions proprement humaines, et son langage trouve plus aisément écho chez le praticien et chez le « malade ». Quelles sont en fait ses démarches ? Il a choisi quelques tests, généralement rapides à faire passer à des groupes d'animaux, et qu'il tient pour révélateurs de ces entités psychologiques générales, par une sorte de projection anthropomorphique. Les résultats obtenus, il les extrapole sans hésitation à l'espèce humaine par le trait d'union de ces mêmes entités. Le chercheur qui travaille à l'aide de techniques de conditionnement renonce à user de tels termes et de telles notions. Il enregistre des effets des drogues sur des comportements qu'il se garde de définir comme des révélateurs privilégiés de facultés de l'esprit ou de l'âme ! Ils ne sont que des échantillons à rapporter aux variables dont ils sont fonction. Pour en avoir fait souvent l'expérience, il s'attend à observer des effets paradoxaux, à voir les réactions émotionnelles ou motrices s'accroître dans un contexte, se réduire dans un autre. Il caractérisera l'action des drogues par rapport aux comportements utilisés et aussi aux situations dans lesquelles ils apparaissent. Faute du lien intermédiaire qu'offraient à son collègue les notions abstraites de la psychologie mentaliste, il n'est guère exposé à extrapoler à la légère à l'espèce humaine. Attentif à l'extrême complexité du comportement de l'animal d'expérience, parce que le raffinement de ses techniques la lui font voir constamment, il n'est pas prêt à simplifier celui de l'homme. L'autre, ayant sans hésité parlé de ses rats comme le langage courant et la psychologie mentaliste se plaisent à parler des humains, simplifie et le rat et l'homme. Lequel des deux prend les hommes pour des rats ?

CHAPITRE III

LA NATURE DE L'HOMME

LE LEGS DE L'EVOLUTION BIOLOGIQUE

On fait souvent au behaviorisme le reproche de considérer l'organisme comme une «table rase» sur laquelle s'inscriraient au cours de la vie les influences du milieu, responsable exclusif de ses conduites. L'homme serait, comme le rat, malléable, conditionnable à merci. Cette conception a soulevé des objections également vigoureuses de deux côtés fort différents. Ceux pour qui l'homme est un être libre — sans qu'ils se donnent généralement la peine de préciser ce qu'ils entendent par là — concèdent, à la rigueur, que le rat puisse être le jouet de son environnement, mais soutiennent que l'homme a le pouvoir de lui échapper. D'autre part, certains biologistes qui s'intéressent à l'apparition des comportements à travers l'évolution des espèces, insistent sur l'importance des déterminismes génétiques, et affirment que le rat n'est conditionnable que dans les limites qu'autorise son équipement héréditaire; l'homme lui-même est tributaire de son héritage biologique, qui définit sa vraie nature, que ne peut trahir le vernis de ses apprentissages.

Nous nous occuperons ici de cette seconde objection. A première vue, la première lui paraît diamétralement opposée. Or, paradoxalement, les porte-parole de la première objection adoptent quelquefois les conceptions «innéistes» des partisans de la seconde. Nous essaierons plus loin de comprendre cette curieuse collusion. Auparavant, interrogeons-nous sur le bien-fondé du reproche adressé au behaviorisme par certains spécialistes de la phylogénèse. Comme Lorenz est assurément l'un de leurs représentants les plus prestigieux et les mieux connus du grand public, nous pourrons utilement faire référence à son point de vue. Convaincu de l'importance des programmes innés dans la structure des comportements animaux, Lorenz avait déjà, voici plusieurs années, discuté âprement les thèses des behavioristes qui attribuent tout à l'environnement, et jeté l'anathème sur les éthologistes qui semblaient succomber à leur séduction[1]. Depuis lors, cette position s'est exacerbée en une sorte de phobie qui met au compte de l'environnementalisme behavioriste tous les maux de l'humanité. Concluant son petit ouvrage en forme de sermon sur les péchés capitaux de la civilisation, Lorenz écrit «Ces phénomènes de déshumanisation sont favorisés par une doctrine pseudo-démocratique qui affirme que le comportement social et moral de l'homme n'est absolument pas déterminé par l'évolution phylogénétique de son système nerveux et de ses organes sensoriels, mais qu'il est uniquement influencé par le «conditionnement» qu'il a subi au cours de son ontogenèse du fait de son environnement culturel»[2].

Nous ne referons pas l'histoire du behaviorisme pour y rechercher les justifications de cette accusation. Ce qui est certain, c'est qu'on les trouverait difficilement dans Skinner. Celui-ci reconnaît d'ailleurs : « Il est sans doute vrai que les premiers behavioristes affichèrent un enthousiasme excessif pour les processus d'apprentissage qu'ils découvraient, et négligèrent le rôle de la génétique du comportement, mais les réactions à la position behavioriste ont aussi été marquées par l'exagération »[3]. Pour lui, comme pour quantité de spécialistes, le débat entre l'inné et l'acquis est dépassé : « Il n'y a désormais plus de place pour la controverse, bien que nous soyons encore loin de comprendre toutes les interactions entre les contingences de survie et les contingences de renforcement ».

Skinner n'a nulle part nié le rôle de l'héritage phylogénétique. Le texte suivant (qui prolonge la citation précédente), traduit très explicitement sa pensée sur ce point :

« Dans un certain sens, tout comportement est hérité, puisque l'organisme qui se comporte est le produit de la sélection naturelle. Le conditionnement opérant n'est pas moins partie de l'équipement génétique que la digestion et la gestation. La question n'est pas de savoir si l'espèce humaine a un équipement génétique, mais de savoir comment l'analyser »[4].

LES LIMITES DE L'APPRENTISSAGE

Pendant plusieurs années, les spécialistes du conditionnement skinnérien ont pu étudier les comportements acquis chez l'animal sans se préoccuper beaucoup des déterminants génétiques propres à l'espèce, résultant de l'histoire phylogénétique. S'ils ont négligé cette dimension, c'est que l'on peut effectivement décrire de nombreux faits reproductibles, dégager de nombreuses lois, s'agissant d'apprentissage, sans tenir compte systématiquement des restrictions qu'introduiraient dans l'analyse les facteurs génétiques. C'est aussi que les expérimentateurs ont porté leur attention, en raison de la technique adoptée, sur les conduites qui n'étaient peut-être pas les plus soumises aux déterminants héréditaires dans le répertoire de l'espèce étudiée, des conduites qu'ils se plaisaient à considérer comme « arbitraires ». C'est enfin que, pour l'essentiel, nul n'a songé à faire violence par l'apprentissage aux contraintes qui définissent les potentialités d'une espèce donnée : si Skinner a enseigné à des pigeons à jouer au ping-pong, il ne s'est jamais mis en tête d'apprendre à un rat à voler dans les airs.

Peu à peu cependant, la prise en considération des variables génétiques s'est imposée aux chercheurs. Ils y sont venus par deux voies, l'une intérieure, l'autre extérieure. Leurs propres découvertes expérimentales leur ont montré, dans des contextes divers, à côté des similitudes, des différences entre espèces dans l'adaptation aux programmes de renforcement; les ont amenés à nuancer la notion d'arbitrarité de la réponse opérante (dont les rapports avec les stimuli et les renforcements dans les activités naturelles ne peuvent être négligés); leur ont révélé d'importantes exceptions à des règles tenues jusque là pour générales (par exemple, la contiguïté ou proximité temporelle entre stimulus conditionnel et renforcement n'est pas nécessaire, chez le rat, pour que s'installe une association très forte entre un stimulus gustatif ou olfactif et un malaise physiologique marqué, association qui met l'animal à l'abri de l'ingestion renouvelée de substances toxiques dont il fait une fois l'expérience).

De l'extérieur, les spécialistes du conditionnement en laboratoire ont été exposés aux idées des éthologistes, qui fécondent depuis un quart de siècle à peu près toutes les sciences du comportement. Cessant de les envisager *in vacuo*, ils admettent aujourd'hui de penser les problèmes d'apprentissage à l'intérieur des contraintes biologiques caractérisant chaque espèce, à la lumière de la connaissance de sa niche écologique habituelle, en rapport avec les grandes fluctuations du système vivant — rythmes circadiens et saisonniers, cycles de reproduction, enchaînement des phases de l'ontogenèse, etc.

L'influence de l'éthologie a favorisé, de toute évidence, la poursuite d'expériences propres à démontrer le bien-fondé des objections et interrogations qu'elle faisait à la psychologie de l'apprentissage. Mais ces expériences découlaient aussi de la logique même de la recherche expérimentale. C'est ainsi qu'une des observations les plus décisives, et qui marqua un véritable tournant dans les idées des « conditionneurs » trouva son origine dans les recherches de Breland et Breland[5]. Ceux-ci n'étaient nullement des éthologistes mais des experts en conditionnement particulièrement habiles. Ils avaient entrepris de fournir des animaux conditionnés à des parcs d'attraction, des zoos, des foires, pour l'émerveillement et l'amusement des spectateurs. Soucieux de diversifier leur marchandise, ils avaient soumis à leur intervention les espèces les plus inhabituelles dans un laboratoire, cochons, poulets, ratons laveurs rivalisant de talent. Or, si tous les rescapés du déluge témoignaient généralement d'une capacité d'apprentissage insoupçonnée, il arrivait en maintes occasions que le contrôle exercé par le conditionnement se trouve déjoué, se dégrade, et fasse place à des conduites spécifiques, comme si le naturel, chassé, revenait. Le cochon, pourtant bien entraîné à transporter rapidement des jetons d'un lieu à l'autre pour les stocker dans une tire-lire, se mettait soudain à traîner en route, à faire sauter le jeton du groin, le jetant par terre puis fouillant le sol pour le reprendre. Le raton laveur, après avoir appris à insérer des jetons dans une fente fort régulièrement, se prenait à les frotter minutieusement, retardant une récompense dont l'attrait avait pâli au profit d'une vieille habitude naturelle indéracinable. Les Breland appelèrent ce phénomène la *dérive instinctive*. Et l'on peut se demander si les spécialistes du conditionnement auraient été au même point ouverts à l'influence de l'éthologie s'ils n'avaient rencontré d'abord dans leur pratique expérimentale des faits de ce genre.

Quoi qu'il en soit, on s'accorde aujourd'hui à reconnaître l'importance des caractéristiques spécifiques, à remettre l'accent sur la structure, la « topographie » des conduites, mise entre parenthèses par Skinner en faveur d'une étude du seul débit, à réinsérer les mécanismes d'apprentissage dans l'ensemble des activités que « l'on désignait jadis du terme instinct », à admettre la notion d'un programme ontogénétique dans lequel s'inscrivent les acquisitions à travers le développement individuel. Comme on s'accorde de plus en plus, parmi les éthologistes, pour reconnaître, grâce à une analyse plus fine des phénomènes, des mécanismes d'apprentissage à l'œuvre dans la réalisation de l'instinct ou la mise en place dans l'ontogenèse des conduites spécifiques.

Il est devenu courant de parler de contraintes biologiques sur l'apprentissage pour résumer cette problématique où éthologie et psychologie de l'apprentissage, suivant leur évolution propre et se fécondant mutuellement, convergent dans une analyse objective de la part de la phylogenèse et de celle de l'histoire individuelle dans la causalité des comportements[6]. L'expression «contraintes biologiques» n'est d'ailleurs pas très heureuse, car elle laisse supposer que l'apprentissage n'est pas un phénomène d'ordre biologique, mais une fois lancée une habitude lexicale, il est difficile d'y renoncer.

Le meilleur moyen, si l'on veut définir ces contraintes pour une espèce ou un individu donné, est de tout tenter pour y échapper. On ne peut être sûr qu'un organisme est incapable d'apprendre un comportement précis que si l'on a sérieusement essayé de le lui enseigner. C'est donc en fin de compte une analyse à l'aide des méthodes de la psychologie de l'apprentissage qui nous révèlera les limites assignées par la phylogenèse aux acquisitions individuelles. «Ce n'est que par la connaissance de ce que le canard apprend au cours de son existence, et de la manière dont il l'apprend, que nous saurons à coup sûr de quelles potentialités il est équipé à sa naissance»[7].

PROGRAMME OUVERT ET PROGRAMME FERME

Ce que le représentant d'une espèce animale est capable d'apprendre met toujours en jeu, naturellement, des composantes héritées. Le mouvement le plus original, qu'il soit produit par un chat s'échappant de sa cage expérimentale ou par une ballerine, par un singe s'emparant d'un appât éloigné ou par un orfèvre, combine toujours, en dernier ressort, des flexions et des extensions d'un ensemble fini de muscles dont la topographie et le principe de fonctionnement sont fixés par un programme héréditaire. Ce sont ces unités minimales dont parle Skinner, dans un texte qui remonte à 1965, et qui atteste clairement que sa position n'a rien d'incompatible avec l'idée d'une définition génétique des potentialités d'acquisition (tout en illustrant l'analogie soulignée dans le chapitre précédent entre action sélective du milieu au niveau de l'ontogenèse et au niveau de la phylogenèse): «Les contingences ontogénétiques demeurent ineffectives aussi longtemps qu'une réponse n'est pas survenue. Le rat doit «appuyer sur le levier au moins une fois» pour d'autres raisons «avant d'appuyer» pour de la nourriture. Nous trouvons une restriction analogue dans les contingences phylogénétiques. L'animal doit pousser un cri au moins une fois pour d'autres raisons avant que le cri en question ne puisse être sélectionné comme signal en raison de l'avantage qu'il présente pour l'espèce. Il s'ensuit que le répertoire entier d'une espèce ou d'un individu doit exister préalablement à la sélection ontogénétique ou phylogénétique, mais il existe seulement sous forme d'unités minimales. Tant les contingences phylogénétiques qu'ontogénétiques «façonnent» des formes de comportement complexes à partir d'un matériau relativement indifférencié. Les deux mécanismes se trouvent également favorisés si l'organisme présente un répertoire indifférencié très étendu». [8]

Nous retrouvons ces *unités minimales* sous le nom de *mouvements insécables — momentum inseparabile —* dans la belle analyse que fait Lorenz des différences entre capacité d'apprentissage chez les diverses espèces animales [9], et qui est, pour l'essentiel, en accord avec les vues de Skinner. Lorenz montre que, selon les espèces, le programme génétique est, quant aux potentialités d'apprentissage, plus ou moins ouvert; les acquisitions

qu'il autorise sont plus ou moins dépendantes des circonstances imprévisibles du milieu où l'individu vivra.
Deux grands ordres de facteurs interviennent en faveur
d'un programme ouvert. En premier lieu, l'évolution biologique, du moins chez les vertébrés, semble être allée
dans le sens d'une complexité croissante des organismes
corrélative d'une capacité croissante d'apprentissage [10].
En second lieu, les espèces exposées à un milieu relativement stable et homogène tendront à développer des
programmes plus fermés, alors que les espèces vivant
dans un milieu hétérogène et variable seront dotées de
programmes ouverts. Ainsi, les apprentissages moteurs
dont est capable le cheval, si raffinés soient-ils, restent
strictement tributaires de chaînes motrices complexes —
les différentes allures naturelles — extrêmement difficiles
sinon impossibles à décomposer. Cette espèce dispose
d'un programme assez fermé, car elle a évolué dans un
milieu de steppes, particulièrement homogène, où les imprévus sont rares. Le rat, par contre, animal cosmopolite, est doté d'un programme ouvert laissant beaucoup de
place à l'acquisition de chaînes motrices inédites à partir
de mouvements naturels beaucoup plus décomposables
(c'est sans doute ce qui en fait un animal de laboratoire
particulièrement intéressant dans l'étude de l'apprentissage, mais ce qui le rend responsable de certaines généralisations excessives que l'examen des contraintes sur
l'apprentissage vient heureusement corriger).

L'homme se présente assurément comme l'animal au
programme le plus ouvert, doté du répertoire indifférencié le plus large, et par conséquent des possibilités de
combinaisons les plus grandes. Il est de loin l'organisme
le plus apte à modifier son environnement. C'est là une
manière de le maîtriser et de s'en libérer, mais qui n'en

rend pas vraiment indépendant: l'homme continue de dépendre de son milieu transformé. Au mécanisme habituel de l'évolution biologique s'est superposé, pour l'espèce humaine, celui de l'évolution culturelle. Non seulement l'individu est apte à de nombreuses acquisitions, mais celles-ci peuvent se transmettre dans l'espace et dans le temps, à travers le réseau social. Des organismes pratiquement semblables quant à leur équipement génétique peuvent ainsi, selon le lieu, adopter des comportements typiques d'une culture occidentale moderne ou d'une culture primitive; ou, selon le temps, acquérir des conduites verbales ordinaires ou y ajouter l'explicitation de systèmes symboliques plus ou moins éloignés des langages naturels, écritures mathématiques, langages d'ordinateur. Il n'y a donc pas lieu d'opposer, comme on l'a souvent fait, *nature* et *culture*. On pourrait dire que la nature de l'homme est d'être un animal culturel, ce qui veut dire éminemment apte à s'adapter par l'apprentissage et à transmettre ses acquis.

Les potentialités d'apprentissage apparemment illimitées ne signifient pas que des caractères plus particuliers issus de la phylogenèse ne continuent de peser sur les conduites de l'homme actuel. En fait, de tels caractères, coexistant à des conduites culturellement installées depuis peu, peuvent très bien entraîner des résultats clairement inadaptatifs. Ainsi, il a pu être essentiel à la survie de l'homme primitif d'être capable de manger d'un seul coup une grande quantité de viande: le succès de la chasse était irrégulier et la conservation impossible (ou les procédés de conservvation non encore découverts). Des hommes vivant à une époque où les ressources alimentaires sont permanentes, grâce aux méthodes de production et de conservation, s'exposent à l'obésité s'ils continuent à user de leur capacité alimentaire atavique. Ce n'est pas ici la conduite nouvelle qui contrarie l'adaptation, mais la survivance d'une conduite ancienne dans un contexte nouveau. Le problème est d'éliminer ou de neutraliser cette survivance. Le fait qu'elle nous vienne de loin, et soit peut-être inscrite dans l'histoire biologique de notre espèce ne la rend évidemment ni respectable ni utile.

On pourrait faire des remarques analogues à propos de certains aspects de l'agression que nous avons peut-être héritée de nos ancêtres dans l'évolution biologique, de certains aspects du comportement sexuel, du comportement social, etc. Sachant l'extraordinaire plasticité de l'homme, il faut cependant se garder d'attribuer à une lointaine origine phylogénétique des traits de comportement dont nous saisissons mal aujourd'hui les variables déterminantes. On n'a eu que trop tendance à invoquer l'hérédité spécifique à la source des comportements que nous ne comprenons pas: impuissants devant l'agressivité individuelle et collective, nous lui trouvons des racines dans les instincts de rivalité sexuelle ou de défense du territoire ou de protection de la progéniture; déconcertés par le miracle de l'acquisition du langage, nous inventons un dispositif héréditaire déjà doté de la grammaire générale; intrigués par les formes de gouvernement qui régissent les rapports humains, nous en cherchons les modèles dans les structures sociales de l'animal. Ce recours à l'hypothèse phylogénétique est, en son principe, tout à fait légitime, mais il ne peut servir de refuge à notre ignorance. La part de l'hérédité spécifique, si elle existe, doit être démontrée, et elle n'exclut d'ailleurs pas la part de l'histoire culturelle, ni celle de l'histoire individuelle — à démontrer elles aussi, naturellement. Skinner rappelle à ce sujet la profonde pensée de Pascal: «La coutume est une seconde nature, qui détruit la première. Mais qu'est-ce que la nature? Pourquoi la coutume n'est-elle pas naturelle? J'ai grand peur que cette nature ne soit elle-même qu'une première coutume, comme la coutume est une seconde nature».

L'analyse des sources, phylogénétiques ou ontogénétiques, du comportement se complique du fait que des conduites d'apparence identique — ayant la même structure — peuvent très bien avoir des origines différentes. Il n'est, pour les distinguer, d'autre moyen que d'en préciser l'histoire. Nous retrouvons ici l'importance d'une analyse fonctionnelle pour pallier les insuffisances d'une analyse purement structurale, et d'une perspective diachronique pour compléter toute description synchronique. L'attaque d'un congénère peut très bien chez telle espèce animale s'expliquer par la phylogenèse et, chez l'homme, par des facteurs culturels ou individuels. Elle peut, chez l'homme, dans un cas se rattacher à des sources phylogénétiques, et dans un autre cas à des sources historiques. La ressemblance des conduites observées ne garantit nullement une identité d'origine, et il faut se garder d'en tirer argument pour établir des parallélismes séduisants entre l'animal et l'homme ou pour réduire les unes aux autres des catégories de comportement humain aisément confondues par l'usage de termes trop vagues. Si l'on incline, devant des comportements agressifs les plus divers, à parler d'*agressivité*, on sera naturellement porté à confondre sous cette étiquette générale des faits psychologiques qu'il faudrait au contraire distinguer.

Comme nous l'avons rappelé déjà, le meilleur moyen de savoir si un programme phylogénétiquement déterminé est ouvert ou fermé, c'est d'explorer les possibilités d'apprentissage de l'organisme en appauvrissant, en altérant ou en enrichissant son expérience individuelle. De telles études, de plus en plus courantes chez l'animal, permettent de préciser l'articulation de l'inné et de l'acquis. Elles sont exclues chez l'homme pour des raisons morales, et, paradoxalement, c'est à propos de notre espèce sans doute dotée du programme le plus ouvert qu'il est le plus difficile de définir en quoi consiste la *nature* si l'on entend par là les potentialités et contraintes héritées de la phylogenèse. Aussi continue-t-on, s'agissant de l'homme, à assister à des débats passionnels au sujet du rôle de l'hérédité et de l'environnement, alors que, s'agissant des autres espèces, la controverse a fait place à l'examen systématique des faits et à l'expérimentation.

Il faut rappeler enfin que notre passé phylogénétique ne nous lègue pas des conduites mais un organisme physique, y compris un système nerveux, caractérisé par une formule génétique. Les comportements sont toujours des événements phénotypiques, et qui supposent une interaction entre l'organisme et un milieu en l'absence duquel il est inconcevable.

AGIR SUR LA NATURE

Il serait évidemment très intéressant de savoir jusqu'à quel point la phylogenèse, ou l'hérédité individuelle pèsent sur le comportement d'un être humain. On pourrait ainsi se faire une opinion plus réaliste des chances de succès d'une intervention éducative ou thérapeutique, par exemple. Mais en tout état de cause, à toutes fins pratiques, le seul moyen proprement psychologique dont nous disposions pour changer un homme consiste à changer les variables de son milieu.

Une action directe sur les gènes n'est pas du ressort du psychologue, et elle doit intervenir avant, plutôt qu'après, la transmission génétique. Malgré les progrès spectaculaires de la génétique moderne, il faut bien dire que la complaisance de certains biologistes dans la science-fiction est probablement prématurée en ce qui concerne les conduites, même si elle se justifie pour ce qui est du contrôle de certaines maladies. En fait, les seules propositions sérieuses à l'heure actuelle visent à la prévention de certains risques par recommandation de ne pas procréer faite à des individus porteurs de certaines particularités génétiques. Mais une fois jetés les dés de l'hérédité, seule l'action par l'environnement reste possible. Il n'en va pas autrement pour l'éleveur qui procède à des croisements sélectifs : le produit de ces croisements ne pourra plus être modifié que par le régime de vie, la nourriture, le dressage, etc. bref par des interventions environnementales.

On peut également envisager de modifier l'individu en changeant directement son organisme physique, comme le fait la chirurgie, ou la pharmacologie. Des changements de ce genre, surtout s'ils portent sur le système nerveux, peuvent se traduire par des modifications des conduites. Ici encore les problèmes que l'on peut effectivement résoudre, dans les limites à la fois des connaissances actuelles et de la morale, sont très limités. Pour le reste, on ne change le comportement d'un organisme, qu'il s'agisse de l'homme ou de l'animal, que par une action sur son environnement physique ou social. Quelles que soient les contraintes génétiques, dès l'instant où nous renonçons, pour des raisons techniques ou des raisons morales, à intervenir au niveau des gènes, de l'anatomie ou de la chimie du cerveau, nous ne pouvons compter que sur l'interaction du sujet avec son environnement individuel. Contrairement à ce que l'on pense généralement, c'est lorsque l'équipement génétique prescrit des limites strictes à l'apprentissage qu'il convient de connaître et d'exploiter le plus rigoureusement les lois de l'apprentissage. Là où le programme d'acquisition est très ouvert, le sujet parviendra à apprendre même dans un milieu où les contingences de renforcement sont relativement chaotiques. C'est sans doute le miracle de l'homme normal, extraordinairement apte à acquérir des conduites nouvelles dans les situations à première vue les moins favorables, comme c'est souvent le cas dans les institutions scolaires. Si le programme est fermé, ce qu'il autorise d'acquisitions ne se réalisera qu'à la condition d'user avec minutie et systématisme des lois qui président aux apprentissages. Les dresseurs d'animaux le savent bien. Chez le cheval, que Lorenz prend judicieusement comme exemple d'une espèce à programme fermé (lié à un milieu de vie homogène), il faut une cohérence parfaite de l'éducation pour obtenir les performances spectaculaires de la haute école, et la moindre erreur de la part du cavalier est très difficile à réparer. Il n'en va pas autrement des sujets humains limités par leur équipement génétique: ce qu'ils possèdent de potentialité exige, pour être exploité, des interventions éducatives infiniment plus nettes que chez le sujet «normal». Et, soulignons-le encore, on n'a pas le droit d'affirmer que de tels sujets ont atteint leurs limites si l'on n'a pas réellement mis en œuvre les méthodes les plus exigentes (exigentes pour l'éducateur, s'entend) pour tenter de les dépasser.

Hérédité et apprentissage ne s'excluent donc nullement pour le behaviorisme skinnérien, ils sont au contraire complémentaires; et plus nos connaissances sur la nature exacte des contraintes héréditaires progressent, plus est impérative une connaissance précise des mécanismes de l'apprentissage: en effet, si ceux-ci nécessairement ne peuvent jouer que dans les limites de celles-là, en revanche, les adaptations autorisées par l'hérédité ne trouveront à s'actualiser qu'à travers des conditions favorables d'interaction avec le milieu.

LES PARADOXES DE L'INNEISME

L'importance du rôle du milieu dans la causalité des conduites a été contestée avec vigueur, au cours des dernières années, par certaines écoles de psychologie ou d'autres sciences humaines. Les objections les plus retentissantes émanent du linguiste américain Chomsky, dont la célébrité parmi les psychologues provient en grande partie de la verve qu'il a mise à attaquer Skinner, une première fois à propos de l'ouvrage *Verbal Behavior*, en 1959[11], une seconde fois (pour nous en tenir aux écrits importants) en 1972, en réponse à l'ouvrage *Par-delà la liberté et la Dignité*[12]. Dans ce dernier texte, il s'en prend à ce qu'il présente comme la thèse de Skinner (à tort, comme les pages précédentes l'auront montré), à savoir que les êtres humains sont malléables par nature. En 1959, il réfutait l'essai tenté par Skinner en vue d'analyser les variables intervenant dans le comportement verbal par des affirmations comme celle-ci: «Nous devons attribuer une influence écrasante sur le comportement réel à des facteurs mal définis, comme l'attention, l'attitude, la volition et le caprice».

Assez curieusement, pour sauver la complexité et la spontanéité des comportements humains, Chomsky s'est fait le champion des conceptions innéistes, qui ont occupé le devant de la scène pendant une dizaine d'années dans plusieurs domaines de la psychologie, notamment la psychologie du langage et la psychologie cognitive. Les zélateurs de Chomsky sur ce point ont encore aujourd'hui un certain succès, poussant d'ailleurs plus loin que leur maître à penser le culte nativiste. Pour Mehler, par exemple, non seulement le rôle de l'apprentissage est négligeable, mais le développement de l'individu se résume à un appauvrissement progressif des capacités qu'il possède en venant au monde. La formule « apprentissage par perte» traduit clairement cette exaltation d'un patrimoine génétique que l'ontogenèse contribue à dégrader, d'une vraie «nature humaine» que le contact avec le monde et avec les autres ne peut que retrécir, jamais enrichir. C'est là une mouture cognitiviste de la nostalgie pour la plénitude prénatale, voire préconceptionnelle dont nous connaissons déjà les versions psychanalytiques. [13]

En fait, les conceptions innéistes — qui mettent l'accent sur les variables génétiques —, n'enferment pas moins que les conceptions environnementalistes le comportement dans un cadre déterministe. Les causes auxquelles elles prêtent la plus grande attention sont simplement situées dans un passé très éloigné, et elles englobent les facteurs de milieu d'une manière aussi indissociable que ne le font les mécanismes d'apprentissage. Mais elles restent des causes, à vrai dire bien plus contraignantes que celles qui interviennent dans la plupart des acquisitions individuelles où, jusqu'à un certain point, les événements sont réversibles.

Comment expliquer que l'on récuse des causes situées dans l'ontogenèse au nom de la spontanéité de l'être pour en accepter de bien plus aveugles et inéluctables dans le vieux passé phylogénétique ? C'est que cette solution permet de rejeter dans la nuit de l'évolution les causes lointaines qui ont façonné la nature humaine, et ne met pas ouvertement en question certaines des idées que l'on aime se faire à son sujet. Faut-il que la volonté, la liberté, l'intention soient déterminées ? Qu'à cela ne tienne, postulons que leur déterminisme remonte à l'évolution passée de l'espèce, et voilà ces « fictions explicatives », comme les appelle Skinner, posées au départ dans la nature humaine, plus solidement que jamais, disponibles pour éviter l'obligation d'en rechercher les origines dans la construction de l'individu au contact de son milieu physique et culturel. Ainsi assises sur la quasi-immuabilité de l'héritage génétique de l'espèce, les entités internes par quoi l'on continuera d'expliquer le comportement humain auront moins que jamais à être expliquées. Ainsi sera sauvegardée la source interne des conduites, ainsi sera sauvegardé l'homme autonome. Et Chomsky pourra affirmer « l'influence écrasante sur le comportement réel » de la volition et du caprice. La mise à l'honneur de l'innéisme n'est ici qu'un alibi, le dernier retranchement imaginé pour sa défense par le mentalisme. C'est lui qui est ici en cause, et non le vieux débat de l'inné et de l'acquis, dépassé dans tous les domaines de la biologie, y compris dans les sciences du comportement, où il serait facile de montrer la communauté de vue profonde, en dépit des apparences, entre les approches d'un Piaget, d'un Hinde et d'un Skinner.

Avant d'examiner de plus près la question du mentalisme en psychologie scientifique, il nous faut cependant encore signaler un autre paradoxe chez les partisans de l'innéisme, et particulièrement chez Chomsky. Il semblerait que, ayant affirmé le caractère inné de l'aptitude spécifique aux langues naturelles ou à la logique, il accueillent positivement toute recherche visant à préciser chez l'homme la part de l'hérédité dans telle ou telle grande catégorie de conduites. Or il n'est pas d'adversaire plus farouche ni plus passionnel des quelques hommes de science qui se sont hasardé à reprendre, au cours des dernières années, des problèmes difficiles certes mais intéressants de psychogénétique humaine. Ils les accusent tout crûment d'immoralité, non tant pour les conclusions auxquelles ils aboutissent que pour avoir seulement choisi ce thème d'étude. Si sont également condamnables ceux qui analysent l'action du milieu sur l'individu et ceux qui cherchent à décrire la part de l'héritage génétique, on ne voit pas bien à quoi pourrait encore s'occuper un chercheur s'intéressant au comportement humain, sauf à poursuivre la discussion des philosophes et des théologiens sur le libre arbitre. Le sujet est assurément digne d'attention, mais il n'est pas certain que, par les pauvres méthodes de la psychologie, nous puissions ajouter quelque chose de neuf à ce qui en a déjà été dit.

CHAPITRE IV

QUE SE PASSE-T-IL
DANS LA BOITE NOIRE ?

LE MENTALISME

Le behaviorisme, nous l'avons signalé dans le premier chapitre, s'est distingué dès l'origine par sa position antimentaliste. Skinner n'a cessé de l'affirmer et de l'expliciter, au point qu'il est permis de voir là une dominante de sa pensée théorique et méthodologique, à côté de la notion d'action sélective du milieu. Comme nous y avons déjà insisté, l'antimentalisme skinnérien n'est nullement négation des phénomènes mentaux, non plus qu'il n'est ignorance de la conscience. Les méprises sont, à ce sujet, si fréquentes et si tenaces qu'il nous faut bien pousser plus avant les justifications et la portée de cet aspect central des conceptions de Skinner.

On sait que la psychologie du XIXe siècle, alors même qu'elle avait adopté les principes méthodologiques de la science, continua de tenir la vie mentale, le psychisme pour son objet d'étude. Et quel qu'ait été par ailleurs l'effort de rigueur expérimentale et le souci de mesure, elle demeura tributaire de la méthode introspective. Il s'agissait de saisir, par exemple, les éléments constitutifs de la vie psychique, les sensations, ou l'essence de la pensée. Et pour y parvenir, on se voyait réduit à recourir à ce que le sujet voulait ou pouvait en dire. Même dans ses domaines les plus précis, telle la psychophysique, la psychologie restait fondée sur des procédés d'information, d'établissement des faits, essentiellement subjectifs. Sa préoccupation pour la vie psychique ne s'écartait pas fondamentalement de la vieille psychologie des facultés de l'esprit. Ce curieux amalgame dérivait de multiples sources, et notamment du passé philosophique encore tout proche, de la contamination du langage courant, de la confiance en la lucidité de la conscience, d'une conception générale de l'homme qui voyait en son esprit l'origine de ses actes.

Au tournant du siècle, cette situation faisait assurément problème pour beaucoup de gens, dans les horizons les plus divers de la psychologie. La lucidité de la conscience, et avec elle la validité de l'introspection, ne résistaient pas à l'examen des données de la psychopathologie venues éclairer, avec Janet et Freud, notre connaissance du sujet normal. Du côté des physiologistes, Pavlov, en mettant au point sa méthode d'analyse des réactions conditionnelles, proposait une solution pour l'étude scientifique objective de la vie de relation. Piéron, en France, définissait objet et méthode de la psychologie d'une manière qui inscrivait celle-ci dans le cadre des sciences naturelles.

Le «manifeste» de Watson ne faisait donc que cristalliser des positions qui s'étaient fait jour de divers côtés. Publié aux Etats-Unis par un Américain, il reflétait des préoccupations nées un peu partout dans le monde de la psychologie, des préoccupations auxquelles la vieille Europe, on vient de le voir, n'était pas du tout étrangère. Pour beaucoup, la psychologie marquait un progrès décisif en renonçant à la conscience. Ce que l'on ne comprend pas toujours aujourd'hui, lorsqu'on discute les thèses du behaviorisme, c'est que ce renoncement n'était pas une négation. Il visait à assigner pour objet à la psychologie autre chose que les états de conscience, et qui donne prise à une analyse scientifique, avec ses exigences de reproductibilité et de vérifiabilité; il visait à fonder les démarches de psychologue sur autre chose que l'introspection, ce qui ne revient nullement à nier les conduites introspectives ni les prises de conscience. On pourrait dire que le behaviorisme opérait une simple mise entre parenthèses de la conscience. Nul n'en récusait sérieusement l'importance ni n'éludait la nécessité de l'expliquer. Mais il fallait pour y parvenir prendre d'autres voies, accepter de s'éloigner apparemment du but à atteindre et emprunter des détours peut-être très longs. Ce type de démarche indirecte n'a rien de neuf dans l'histoire des sciences. Il n'est d'ailleurs que la manifestation d'une caractéristique fondamentale des conduites intelligentes: la capacité à se détourner d'un but pour mieux l'atteindre, à différer une satisfaction pour s'assurer de l'obtenir. Les discours sur l'élan vital n'ont guère fait progresser notre compréhension du phénomène de la vie; la biologie n'a vraiment commencé à pénétrer celui-ci que du jour où, renonçant au vitalisme, elle a pris le parti de l'aborder par le détour de variables physicochimiques sur lesquelles elle avait prise. Devant un phénomène compliqué et incompréhensible, la science opère d'abord par simplification et épuration, et, à ce stade, c'est lui faire une mauvaise querelle que de l'accuser de réductionnisme.

Au cours du demi-siècle qui a suivi la naissance du behaviorisme, et en dépit de la vitalité des écoles qu'il a
engendrées, on a assisté à des retours en arrière plus ou
moins marqués. L'exigence du behaviorisme a paru à
certains excessive, et ils l'ont adoucie en introduisant des
variables intermédiaires diverses, tout en protestant de
leur fidélité aux principes behavioristes. A d'autres, elle a
paru franchement aberrante, et ils ont réhabilité les entités internes sous des formes plus sophistiquées que les
anciennes facultés de l'âme, mais avec un statut comparable dans l'analyse scientifique. Les attitudes, les déci-
sions, les intentions, les cognitions, sont ainsi redevenues
des facteurs explicatifs, des points de départ du comportement. A l'enfant qui apprend à parler on prête des « hypothèses » quant aux propriétés de la langue maternelle à
laquelle il est exposé, hypothèses qui ne peuvent lui venir
que d'une sorte de prescience linguistique. A l'origine
des activités non directement rattachées à des motivations biologiques, on invoque autant de besoins que nécessaire : l'enfant qui brise tout autour de lui et porte atteinte à autrui a un besoin d'agression, l'être qui accapare
et marque comme siens les objets, un besoin de possession, celui qui domine ses semblables, un besoin de supériorité, celui qui crée et produit, un besoin de réalisation
de soi, etc. Pour le behavioriste, ces notions, loin de restaurer en psychologie des dimensions oubliées, ne sont
que des expédients pour combler le vide de nos connaissances quant aux facteurs véritables dont sont fonction
les comportements qu'ils prétendent expliquer. Ils seraient justifiés s'il se trouvait en eux quelque vertu heuristique : mais généralement, loin d'orienter les recherches dans les directions propices à faire progresser l'analyse, ils la bloquent, en laissant penser que l'explication
peut s'arrêter là. Aucun behavioriste ne doute plus au-

jourd'hui, s'il s'en est jamais trouvé pour en douter, que l'être humain ait des idées, des sentiments, des projets, des prises de conscience. Mais il se refuse à y voir des causes du comportement; rien n'est expliqué lorsqu'on dit que le sujet agit de telle ou telle manière parce qu'il lui en vient l'idée, ou parce qu'il en a fait le projet. L'idée, le projet, sont eux-mêmes des comportements, dont il importe de fournir l'explication, c'est-à-dire de rattacher aux variables dont dépendent leur nature et leur fréquence. Pour reprendre les termes de Skinner, «l'objection n'est pas que ces choses sont mentales, mais qu'elles n'offrent aucune explication réelle et entravent une analyse plus efficace».

LA CONSCIENCE

Leur caractère mental ne confère donc aux phénomènes intérieurs susceptibles d'intéresser le psychologue aucune propriété distincte, par rapport au comportement directement observable, si ce n'est d'échapper à l'observation directe. La différence est affaire, non de nature, mais d'accessibilité. Il appartient à l'expérimentateur d'imaginer les techniques qui lui permettront d'analyser ces phénomènes intérieurs ou privés comme il analyse les conduites «publiques». Cette tâche n'est assurément pas facile. C'est tout le problème des mécanismes de la conscience qui est en cause. Le problème de l'émergence de la vie résolu, ce sera sans doute, pour longtemps encore, le grand problème ouvert aux sciences du vivant. De grands biologistes, comme Dobzhansky, l'ont clairement souligné, faisant de la conscience de soi «l'une des caractéristiques fondamentales, voire la plus fondamentale de l'espèce humaine. La conscience de soi est, poursuit-il, une nouveauté dans l'évolution». Mais l'embarras surgit lorsqu'on cherche dans la théorie de l'évolution biologique ou dans l'exploration directe du système nerveux central le secret de cette émergence. L'aveu de John Eccles est significatif: «Cependant, écrit-il après avoir affirmé son assentiment à l'approche évolutive, je ne puis croire que cette théorie fournisse une explication complète de mes origines. Je peux croire qu'elle rende compte de manière assez adéquate du corps humain, de mon corps. Mais elle échoue complètement à me fournir une explication de mon origine en tant que personne qui s'éprouve elle-même dans sa conscience de soi et de son individualité unique»[1]. Cet aveu traduit bien l'échec des tentatives faites par les neurophysiologistes pour cerner la conscience. Il laisse poindre un retour au dualisme, hypothèse aussi confortable qu'incertaine, aussi longtemps que ce passage de la matière — fût-elle cérébrale — à l'esprit élude toute observation. L'interrogation du grand physiologiste de la synapse se tourne peut-être dans la mauvaise direction. La conscience n'est peut-être pas la nouveauté évolutive. Elle n'est peut-être que le sous-produit d'une nouveauté évolutive plus facile à concevoir comme telle: le langage. Elle en dériverait à travers des processus plus explicables en termes de contingences de renforcement qu'en termes de sélection naturelle.

C'est bien cette voie — dont le passage obligé est le langage — qu'indiquent à l'heure actuelle les quelques tentatives les plus prometteuses, bien que très rudimentaires encore, pour aborder expérimentalement le problème de la conscience. Convergent ici les travaux de l'école soviétique, des conditionnements intéroceptifs aux contributions les plus récentes de Luria, et les interprétations de Skinner sur les conduites autodescriptives. La conscience, dans cette perspective, n'est peut-être en somme qu'une extension à nos propres comportements des conduites verbales initialement forgées pour décrire le monde extérieur et le comportement visible d'autrui. Le sujet lui-même n'est guère en meilleure position que l'observateur scientifique pour connaître et décrire son monde intérieur, malgré quelques millénaires d'efforts attentifs dans certaines cultures. C'est qu'il dépend entièrement pour cela de l'outil mis à sa disposition par la communauté verbale, outil infiniment moins efficace à cet usage qu'aux fins plus terre à terre, mais plus décisives dans l'évolution de l'espèce humaine, de la communication d'événements extérieurs, à propos desquels il n'est guère d'obstacle à s'accorder sur une convention, qu'est par essence le code linguistique. Le résultat des longues démarches d'exploration de soi auxquelles les hommes se sont complus dans certaines cultures, ou plus précisément certaines sous-cultures, témoignent mieux que toute autre chose de l'étroite dépendance entre l'image de soi et la langue qui en tisse le support. Whorf eut sans peine étayé ses théories s'il avait tiré ses arguments de la connaissance de soi plutôt que de la connaissance du monde.

Ainsi, reprenant les termes de Skinner, « assez curieusement, c'est la communauté qui enseigne à l'individu à se connaître lui-même. Ce n'est que par le développement progressif d'une communauté verbale que l'individu devient conscient »[2]. Et c'est à cette même conscience que songe Luria lorsqu'il écrit : « L'origine de la forme la plus élevée de comportement autorégulé ne se trouve pas dans les profondeurs de l'organisme, et si nous voulons en mettre à nu les racines, nous devons nous tourner vers les modalités complexes des relations de l'enfant avec son milieu social et vers son acquisition du langage»[3].

Etudier la conscience et sa genèse, c'est donc étudier la relation entre comportements verbaux et non verbaux, entre premier et second système de signalisation, entre sensorimotricité et fonction symbolique, mais dans une perspective qui met l'accent, dans le langage, sur le fait social qui vient modeler le comportement individuel, plutôt que sur une faculté innée qui se déploierait au simple contact d'une langue naturelle. Ainsi envisagés, les phénomènes mentaux auxquels le mentalisme attribue l'origine de quantités de comportements se ramèneront, en dernier ressort, à des conduites verbales intériorisées, et par conséquent à des contingences de renforcement entretenues par la communauté socio-linguistique.

Si nous admettons cette hypothèse, il y aurait eu, en cours d'évolution, convergence d'une sensibilité croissante aux contingences de renforcement et du développement de la fonction symbolique, les potentialités de cette dernière étant au maximum exploitées à la faveur des premières. De cette convergence dériverait ce type d'évolution qui, dans l'espèce humaine, marque une rupture dans le cours de l'évolution biologique. Il y aurait alors, à travers l'histoire de l'humanité — et dans certaines orientations culturelles plus nettement que dans d'autres — développement de la conscience de soi. Il y aurait, d'autre part, développement de la conscience en cours d'ontogenèse, dans la mesure même où elle est liée à l'acquisition du langage et à la socialisation de l'enfant, comme l'ont bien vu déjà des auteurs comme Wallon. Mais il n'y aurait pas de développement de la conscience à travers l'évolution des espèces. Aux spécialistes de l'évolution il appartiendra de nous expliquer l'émergence du langage d'une part, et l'augmentation de la sensibilité aux contingences de renforcement d'autre part. Ils ne resteraient pas sans travail. Ils pourraient cependant cesser de s'embarrasser du problème de la conscience, considérée comme un sous-produit de l'évolution culturelle, affaire d'anthropologiste et de psychologue.

LES COMPORTEMENTS INTENTIONNELS

L'intentionnalité a toujours été l'une des principales sources de difficulté pour une psychologie scientifique. Elle y maintient un bastion de finalisme, bien difficile à démanteler.

La notion de but intervenait jadis dans l'interprétation des conduites les plus élémentaires de l'animal. Si elle perdit ses droits dans l'analyse des tropismes, il paraissait difficile de s'en dispenser chaque fois que se déployaient des comportements orientés vers un aboutissement final sans être à proprement parler déclenchés par des stimuli préalables, sur un mode comparable au déclenchement d'un réflexe. De nombreuses situations imaginées par les expérimentateurs pour étudier de telles conduites contribuèrent, comme l'a bien souligné Skinner, par une sorte de halo sémantique, à entretenir l'idée embarrassante que le comportement est motivé par son but. La configuration spatiale inhérente aux labyrinthes, aux cages à problèmes de Thorndike, aux épreuves d'intelligence pratiques de Köhler, en faisant ressortir la continuité entre le déroulement d'une chaîne d'actes moteurs et leur conséquence, favorisait la persistance d'une métaphore balistique. Les lois de ces comportements «orientés vers un but» pouvaient cependant se laisser décrire sans recours à la notion de but, comme le montra

l'analyse amorcée par Thorndike et poursuivie par Skinner : la relation significative n'était pas spatiale, mais
temporelle, et l'action sélective du renforcement pouvait
se substituer à l'action anticipative du but.

Ceci cependant ne résolvait pas la question au niveau
humain. Quelles que soient les ressemblances de son
comportement avec celui des animaux, l'homme peut explicitement assigner un but à son action, il peut manifes-
ter ses intentions, puis, en les réalisant, montrer que son
comportement est bien orienté vers un but. Nul ne songe
à nier cette évidence. Comment traiter ces faits sans retomber dans une interprétation finaliste ? Notons que
tous les comportements humains ne sont pas explicitement liés à la formulation d'un but. Mais le fait qu'ils le
soient quelquefois a conduit à penser que, dans les autres
cas, les choses se présentaient de la même manière, à
ceci près que le but y était implicite. Cette extension in-
justifiée de l'appréhension superficielle que l'homme a
faite de certaines de ses conduites, il l'a généralisée aux
conduites animales, invoquant une mystérieuse anticipation mentale implicite, dotée d'un statut causal, là où une
description des relations entre réponses de l'organisme et
conséquences renforçantes suffisait à l'explication : le
phénomène général n'est pas l'intention, mais la relation
entre le comportement et ses conséquences. L'intention
est un phènomène particulier, qui n'intervient jusqu'à
preuve du contraire, que dans certaines formes de
conduites humaines. Vient-elle déjouer les analyses behavioristes, et sinon, comment s'y inscrit-elle ?

Nous admettrons que, quand nous parlons d'intentions
à propos d'une conduite d'autrui — ou d'une conduite
d'un animal — alors qu'aucune explicitation anticipative
du comportement n'est intervenue, nous usons d'une ex-

pression superflue et inappropriée : nous devrions nous en tenir à une description des contingences de renforcement. Maintenant, notre comportement verbal peut s'appliquer à la description des contingences de renforcement — en dehors d'une analyse scientifique. Cette description peut porter sur le comportement d'autrui ou sur le nôtre. Fondée nécessairement sur le comportement passé ou actuel, elle peut donner lieu à la formulation de règles qui vont à leur tour contrôler le comportement futur. Cette activité représentative, généralement verbale, se ramène à l'élaboration de *stimuli discriminatifs* qui interviendront dans le contrôle des conduites ultérieures. Ils dirigeront les comportements d'autrui à titre de directives, d'instructions, de consignes, de conseils, etc., ou le comportement du sujet lui-même, sous forme de projet, de plan, d'intention, de but. Tous ces termes renvoient à des conduites représentatives, intériorisées ou extériorisées, qui constituent des précurseurs des comportements ; mais ils n'en sont pas pour autant des causes premières endeçà desquelles il n'y a plus rien à expliquer ; ils ne sont pas non plus des phénomènes mentaux d'une nature particulière : ils sont des comportements comme les autres, appelant le même genre d'analyse quant aux variables dont ils dépendent ; ils présentent l'importante particularité de constituer des *stimuli discriminatifs* modulant les conduites de réalisation qui les suivent.

Pour bien en saisir le statut dans l'analyse skinnérienne, il faut insister sur la distinction entre *comportement gouverné par des règles* et *comportement modelé par les contingences*. De nombreux comportements se déroulent, s'élaborent, se reproduisent sous l'action directe des contingences physiques et sociales, sans aucune description explicite de celles-ci : ils sont gouvernés par les contingences. Des comportements analogues peuvent se produire sans que le sujet ait été exposé aux contingences elles-mêmes, en lui impartissant des règles qui en décrivent certains aspects essentiels : ces comportements, régis par des règles, présenteront, dans leur topographie, une similarité plus ou moins étroite avec les comportements modelés par les contingences. Ils en différeront cependant dans certains détails, mais surtout par leur histoire différente. Ces «règles» sont naturellement des sous-produits de la fonction symbolique et verbale. Elles sont, par là, liées à ce système particulier de contingences sociales que constitue le langage et, à nouveau, nous retrouvons à l'origine des caractéristiques à première vue les plus spécifiques de l'autonomie individuelle les échanges interindividuels de la communauté linguistique. L'intention, non plus que la conscience, n'est une donnée première, jaillissant de la liberté de l'être : elle est exploitation individuelle d'un système originellement destiné à d'autres fins.

La formulation des *règles-stimuli discriminatifs* à quoi se ramène ainsi l'intention, n'est pas nécessairement toujours parfaite : elle est souvent approximative, et les conduites qu'elle contrôlera seront en conséquence très imparfaites, comparées à leurs équivalents sous contrôle des contingences. Fût-elle parfaite, le sujet ne dispose par toujours dans son répertoire des comportements garantissant la transposition de la règle — de l'intention — à sa réalisation : c'est là, en soi, une catégorie particulière de comportements qui n'apparaît pas magiquement pour peu qu'une règle soit énoncée, une intention formulée. Celle-ci à elle seule ne contient pas les clés de sa réalisation. Un plan fournit des directives utiles pour construire une maison solide, mais le plan seul ne contient pas les techniques qui en assurent l'exécution. Des règles morales ou politiques imposées à une population qui n'a pas été exposée aux contingences dont elles dérivent ne seront peut-être jamais «vécues», ne se traduiront jamais dans les «mœurs» — comme le montrent les études anthropologiques sur l'acculturation. Il en va de même quand les règles sont forgées par l'individu pour son propre usage, dans le cas de l'intention. Ce qui s'explique difficilement si l'on voit dans l'intention le déterminant du comportement, ne fait plus problème quand on en fait un comportement précurseur ayant statut de stimuli discriminatifs : ceux-ci ne suffisent pas à déclencher le comportement, ils instaurent seulement certaines conditions de nature à en moduler la structure et la fréquence. S'expliquent pareillement les discordances entre description des contingences dans l'intention et contingences réelles; il n'y a aucun mystère à ce que le comportement demeure gouverné par des contingences différentes de celles qu'explicite l'intention : celle-ci n'annule pas l'action des contingences directes, lesquelles pourront conserver le contrôle entier du comportement, «en dépit de la volonté du sujet», qui ressentira le conflit, ou «à l'insu du sujet», qui percevra son comportement comme régi par les buts qu'il se sera donnés, sans voir que les contingences réelles d'un autre ordre le déterminent.

Bien des complications de l'analyse de certaines formes de conflits, des dissociations entre l'acte et la volonté, des discordances entre l'intention consciente et le déterminisme inconscient, des imperfections de la réalisation de buts explicites, se clarifient et s'unifient dès lors que les causes finales sont écartées au profit de comportements précurseurs décrivant plus ou moins adéquatement les contingences de renforcement et contrôlant plus ou moins rigoureusement et plus ou moins exclusivement les comportements de réalisation, dès lors que l'intentionnalité cesse d'être considérée comme une sorte d'introspection des causes finales, confusément présente dans tout comportement operant, mais comme une activité, elle-même soumise à ses propres déterminismes, dérivant des capacités descriptives et auto-descriptives dont le langage a doté notre espèce.

LA BOITE NOIRE

Beaucoup de scientifiques, biologistes généralement, s'accordent sans peine pour reconnaître que l'esprit, et les entités mentales telles que les envisagent diverses psychologies, ne se prêtent guère à une étude objective à l'aide des méthodes qui leur sont familières. Ils rejoindraient donc, à première vue, l'antimentalisme de Skinner. En fait, ils insistent souvent pour s'en distinguer. A l'étude de l'esprit, ils substituent non l'étude du comportement, mais l'étude du cerveau. Aux insaisissables entités mentales ils substituent les structures nerveuses. Que l'on se donne la peine de les étudier, et tous les vieux problèmes de la psychologie trouveront leur solution. Ils reprochent à Skinner de négliger ce qui se trouve au-dedans de la « boîte noire », et de se mettre ainsi d'avance hors d'état de comprendre les rouages de nos conduites. Alors qu'il demeure en surface, eux vont voir à l'intérieur, et stimulant par ci, lésant par là, enregistrant, dosant et broyant, ils refont la psychologie à partir de la neuroanatomie, de la neurophysiologie, de la neurochimie.

Nul ne nie, naturellement, aujourd'hui, que le système

nerveux ait quelque rapport avec les conduites, et seul un attardé peut s'imaginer qu'il soit possible d'étudier celles-ci en faisant fi de celui-là. Dans une récente encyclopédie de la psychologie, un auteur nous signale que « selon Skinner, on peut fort bien analyser les processus comportementaux sans tenir compte des mécanismes nerveux ou endocriniens sous-jacents »; que « Skinner ignore volontairement tout ce qui peut se produire au niveau du système nerveux, ''de la boîte noire'' ». Il signale comme une curiosité la lenteur à s'éteindre de « cette lignée de mécanistes ». Il note pourtant, avec justesse, le succès des méthodes d'analyse expérimentale proposées par Skinner auprès « des psychophysiologistes et des neurophysiologistes, c'est-à-dire justement ceux dont le principal objet d'étude est représenté par les mécanismes nerveux sous-jacents au comportement ». Il constate, sans s'interroger sur ce paradoxe, que « quant aux techniques d'étude mises au point par ceux-là mêmes qui se vantaient d'ignorer ou presque tout du fonctionnement du système nerveux, elles ont été adoptées par la grande majorité des neurophysiologistes contemporains et par la plupart des physiologistes du comportement ».[4]

Il est en effet assez surprenant que de toutes les méthodes du laboratoire de psychologie, soient les plus répandues parmi les physiologistes celles-là mêmes qui furent mises au point pas un psychologue qui jugeait inutile d'ouvrir la boîte noire. En réalité, si nous prenons la peine de rechercher les raisons du parti pris méthodologique de Skinner, nous comprendrons que ces techniques aient acquis la préférence des spécialistes du système nerveux.

Il convient d'abord d'écarter la méprise classique d'un Skinner complètement inculte en matière de biologie et

de physiologie nerveuse. L'un de ses tout premiers articles (et partie de sa thèse de doctorat) est d'ordre théorique et s'intitule le *concept de réflexe dans la description
du comportement* (1931). Il y discute longuement, en
s'appuyant sur l'histoire des découvertes de la physiologie, de Glisson et Swammerdam à Sherrington, en passant par Robert Whytt, Marshall Hall, Magnus, la notion
de réflexe et sa signification dans la recherche de *relations* entre des événements propres à prendre la place des
forces qui, sous des noms divers, furent invoqués pour
rendre compte des actions des organismes. Il y ébauche
des idées qu'il développera dans son ouvrage capital *The
Behavior of Organisms,* en en modifiant d'ailleurs la formulation. La notion de réflexe au sens strict n'est naturellement pas adéquate pour rendre compte des conduites
qui intéressent le psychologue, non plus d'ailleurs que la
mise en évidence d'une relation univoque entre stimulus
et réponse. Celle-ci peut être modulée par l'intervention
de variables diverses, et l'analyse des comportements
porte plus essentiellement sur ces modulations que sur la
relation stimulus-réponse comme telle. Nous sommes encore loin de la notion *d'operant,* et de la découverte de la
relation capitale dans le comportement entre *réponse* et
renforcement (plutôt qu'entre *stimulus* et *réponse*). Mais
les premiers jalons sont posés.

Informé de première main auprès de Crozier, de
Forbes, de Davis de la physiologie nerveuse de son
temps, Skinner n'en sous-estime nullement les progrès, ni
la contribution à l'étude du comportement. Mais dès
cette époque, il met en garde les psychologues contre la
tentation de *physiologiser* avec complaisance pour se
dispenser d'une analyse rigoureuse au niveau qui est le
leur, de croire qu'ils expliquent quelque chose en se réfé-

rant à un système nerveux purement conceptuel —
C.N.S., suggère Skinner, devrait se lire, dans beaucoup
d'écrits de psychologues, non point *Central Nervous System*, mais *Conceptual Nervous System*. Les métaphores
physiologiques prennent ici le relais des entités mentales,
sans plus d'utilité réelle, mais en accroissant encore l'illusion d'expliquer, parce que les références au système
nerveux ont un prestige scientifique que ne possèdent pas
les facultés de l'âme. Skinner, évidemment, ne récuse ni
ne condamne la physiologie. Il dénie simplement toute
valeur explicative à des phénomènes physiologiques infé-
rés à partir des seuls faits de comportements et utilisés
comme explication de ces mêmes faits de comportement.
Si nous voulons mettre des faits de comportements en
relation avec des faits physiologiques, il faut recourir,
pour décrire ceux-ci, aux instruments des physiologistes
et démontrer les relations.

Cette pseudophysiologie à laquelle s'en prend Skinner,
variante du mentalisme, est encore courante aujourd'hui.
Elle caractérise par exemple certaines formulations des
psychologues cognitivistes.

> «Les psychologues cognitivistes usent souvent des
> termes "cerveau" et "esprit" de façon interchangeable,
> et si toutes les langues présentent certains traits inva-
> riants c'est "parce que le cerveau est ainsi câblé" ... On
> nous dit même que "tous les cerveaux normaux haute-
> ment développés fonctionnent de telle manière qu'ils éla-
> borent des idéaux moraux naturels en réponse à leur ex-
> périence de la réalité".»[5]

Il arrive aussi que le psychologue cherche refuge du
côté de la physiologie réelle, séduit par le degré de développement de cette discipline, comparée à la sienne, par

ses raffinements techniques, voire par son statut dans le monde académique. Ou bien il demeure dans la zone frontière qu'est la psychophysiologie, ou bien il tourne le dos à toute dimension comportementale pour plonger dans les réseaux neuronaux ou les secrets de la chimie des tissus nerveux. Dans l'un comme dans l'autre cas, son travail est scientifiquement utile. Skinner ne laisse aucune équivoque sur son appréciation. Du psychophysiologiste, il écrit:

> «Il existe, dans l'histoire de la science, de nombreux précédents en matière de discipline frontière. C'est une entreprise intéressante et profitable que d'intégrer les données de deux disciplines. Nous pouvons même supposer que, en dernier ressort, les faits et les principes de la psychologie pourront être ramenés non seulement à la physiologie mais à travers la biochimie et la chimie à la physique subatomique. Mais nous sommes encore fort loin de cette réduction.»[6]

Des chercheurs qui se consacrent totalement à la physiologie, il regrette qu'ils soient perdus pour la psychologie: «Nous ne pouvons mettre en doute l'importance de leur contribution, mais seulement imaginer avec quelque regret ce qu'ils auraient pu faire s'ils étaient restés psychologues».[7]

Skinner n'attaque ni n'ignore la physiologie. Il défend seulement l'idée que la psychologie doit fournir des faits clairs et reproductibles, des théories heuristiquement fécondes sur son propre terrain, sans fuir les difficultés de l'analyse du comportement en empruntant les faits et les concepts d'une autre discipline. La contribution la plus fructueuse que la psychologie puisse apporter à la biologie, c'est précisément une description cohérente de relations entre phénomènes dans le domaine comportemental. Le neurophysiologiste, le neurochimiste, le neuropharmacologue ont besoin, pour progresser, de références comportementales d'un degré de rigueur et de raffinement égal à celui de leur spécialité propre. Comment pourrait-on comprendre comment fonctionnent, de l'organe récepteur aux aires corticales, les structures nerveuses impliquées dans la vision si l'on ignorait à quelles stimulations l'organisme réagit par ses yeux et comment s'élabore, se structure sa perception visuelle au niveau comportemental? Si la neurophysiologie de la vision a progressé, c'est non seulement grâce aux repérages proprement anatomiques et physiologiques des voies et centres nerveux concernés, c'est parce qu'elle disposait, dans les travaux des psychophysiciens et des psychologues de la perception, de références claires. Si elle marque depuis quelques années des progrès accélérés, c'est parce que les études comportementales chez l'animal ont atteint en la matière, grâce aux techniques skinnériennes, un degré de contrôle inégalé.

Pourquoi le neurophysiologie et la neurochimie de la mémoire et de l'apprentissage ont-elles pris, au cours des dernières années, un essor sans précédent? C'est non seulement à la faveur des techniques nouvelles d'enregistrement et de stimulation du système nerveux central mais de l'élaboration poussée des méthodes psychologiques d'étude des acquisitions où, à nouveau, les techniques skinnériennes tiennent une place de choix. Comment se fait-il que la neuropharmacologie expérimentale ait connu une extension aussi rapide depuis un quart de siècle que les premiers médicaments psychotropes ont été découverts? C'est, assurément, en raison des progrès accélérés de la pharmacologie, sous-tendus par ceux de la biochimie, mais aussi parce que les comportementalistes de laboratoire ont pu offrir aux pharmacologues autre chose que des outils rudimentaires, et dans ce domaine encore, ce sont les techniques de conditionnement opérant qui se sont révélées les plus aptes à analyser l'action des drogues sur les performances de l'animal, à soulever des problèmes nouveaux et complexes d'interaction drogue-comportement, à repérer des effets paradoxaux ou toxicomanogènes, à mettre en évidence la capacité de l'organisme à discriminer entre des états induits par des drogues différentes.

Ce n'est pas par hasard que les techniques inventées par le psychologue qui «ignora ce qui se passe dans la boîte noire» se sont imposées à tous les spécialistes du système nerveux. En s'obstinant sur son seul terrain du comportement, il est en effet parvenu à forger un outil parfaitement adapté à son objet et à mettre au jour de multiples relations qui explicitent au spécialiste du cerveau ce qu'il a à expliquer. Et si celui-ci verse aisément dans les spéculations verbales gratuites lorsqu'il tente d'aborder les problèmes de la conscience, de la pensée, du langage, de la volonté, c'est parce que, en ces domaines, le psychologue en est encore aux balbutiements, et n'a guère plus à offrir à son collègue physiologiste que les formulations traditionnelles du langage courant et de la réflexion philosophique, ou encore les formulations des théories psychologiques mentalistes sans commun dénominateur avec les démarches du biologiste.

Tel est le sens de ce que l'on pourrait appeler le parti pris aphysiologique — non antiphysiologique — de Skinner, sur lequel le texte suivant ne laisse subsister aucune équivoque :

« Cela ne signifie pas, naturellement, que l'on conçoive l'organisme comme réellement vide, ou que la continuité entre l'input et l'output ne puisse finalement être établie. Le développement génétique de l'organisme et les échanges complexes entre l'organisme et l'environnement constituent les matières de différentes disciplines. Un jour nous saurons, par exemple, ce qui se passe lorsqu'un stimulus frappe la surface d'un organisme, et ce qui se passe ensuite au-dedans de cet organisme, dans une série d'étapes dont la dernière correspond au moment où l'organisme agit sur l'environnement et, éventuellement, le modifie (...). Un jour nous saurons peut-être comment franchir le vide entre les caractéristiques psychologiques communes aux parents et enfants. Mais tous ces événements internes, il en sera rendu compte à l'aide des techniques d'observation et de mesure propres à la physiologie des diverses parties de l'organisme, et dans les termes appropriés à l'objet particulier. Ce serait une coïncidence tout à fait extraordinaire si les concepts actuellement en usage pour désigner inférentiellement les événements internes trouvaient leur place dans cette description. La tâche de la physiologie n'est pas de trouver des faims, des peurs, des habitudes, des instincts, des personnalités, des énergies psychiques, ou des actes de volonté, d'attention, de refoulement, etc. Ni de trouver des entités ou des processus dont cela serait d'autres aspects. Sa tâche est de rendre compte de relations causales entre input et output qui constituent la préoccupation spécifique d'une science du comportement. La physiologie doit avoir la liberté de mener cette recherche à sa manière. Dans la mesure même où les systèmes conceptuels échouent à représenter correctement les relations entre événements terminaux, ils fournissent une représentation erronée de la tâche de ces autres disciplines. La meilleure contribution que nous, spécialistes du comportement, puissions apporter à l'aventure collective qui vise à rendre compte de façon complète de l'organisme en tant que système biologique, c'est de fournir un ensemble large et cohérent de relations causales décrites avec le maximum de précision » [8].

CHAPITRE V

LANGAGE ET COMPORTEMENT VERBAL

CHOMSKY ET LA MORT DU DRAGON

En 1957, Skinner publiait un ouvrage de près de 500 pages au thème assez inattendu pour un psychologue de laboratoire spécialiste du conditionnement animal — *Verbal Behavior* — *Le Comportement verbal*. Il reprenait, sous une forme plus élaborée, les *leçons William James* prononcées à l'Université Harvard en 1947, qui, à leur tour, tiraient leur origine d'enseignements et de textes remontant à 1934. Cette chronologie n'est pas sans importance pour éclairer le sort de l'ouvrage. Elle indique que les préoccupations de Skinner pour le langage ne sont ni tardives ni accidentelles. Notons aussi que l'auteur a délibérément éliminé de la publication les résumés de la littérature scientifique qui figuraient dans les versions préparatoires : souci d'allègement, mais surtout conscience de se situer dans une problématique inhabituelle.

Pour beaucoup d'intellectuels français, le nom de Skinner est associé à cet ouvrage, plutôt qu'à l'œuvre proprement expérimentale ou aux écrits du théoricien du behaviorisme. Non qu'ils l'aient lu, mais parce que Chomsky, le célèbre linguiste, père de la grammaire transformationnelle, les en a dispensés en leur en expliquant l'inanité. Chomsky a consacré à *Verbal Behavior* un compte rendu critique d'une longueur tout à fait exceptionnelle, paru en 1959 dans la revue américaine de linguistique *Language* (traduit en français dix ans plus tard dans la revue *Langages*). Ce texte a eu deux conséquences : il a, comme nous venons de le dire, convaincu beaucoup de lecteurs, notamment linguistes et psycholinguistes, qu'ils perdraient leur temps à lire Skinner; d'autre part, il a marqué l'entrée de Chomsky dans les milieux de psychologues, qu'il allait profondément influencer pendant plusieurs années dans leur manière de concevoir la psychologie du langage. Chomsky était et est demeuré un linguiste préoccupé d'analyse formelle. Pendant une bonne décennie, la majorité des psycholinguistes emboîteront le pas, persuadés d'accomplir une percée décisive, non seulement dans leur domaine particulier, mais dans la psychologie en général. L'un d'entre eux, Mehler, affirmait en 1969 : « En fait, le déclin du behaviorisme paraît lié à la naissance de la psycholinguistique moderne ». [1] La fameuse critique de Chomsky n'avait pas seulement anéanti *Verbal Behavior,* mais le behaviorisme tout entier ! Une telle proclamation, dont l'auteur prend ses désirs pour des réalités, fait sourire si l'on songe à la vitalité du behaviorisme — qu'on l'apprécie ou non —, vitalité qui se marque par la fécondité des méthodes, l'extension des domaines du comportement soumis à ce type d'analyse expérimentale, la richesse des applications. Le nombre de chercheurs et praticiens qui s'y rattachent, la quantité des articles, revues, ouvrages spécialisés en fournissent des indices évidents.

Ce qui semble par contre en déclin aujourd'hui, c'est bien l'engouement des psychologues pour la linguistique chomskyenne, qui les a menés dans des impasses. Pour en sortir, la plupart d'entre eux adoptent à présent des approches méthodologiques et des concepts qui rejoignent en leurs principes les propositions de Skinner en 1957, auquel ils répugnent cependant à faire référence.

La fameuse critique de Chomsky se présente comme une explicitation des thèses du behaviorisme skinnérien, et une réfutation décisive de sa prétention à traiter du langage. Nous avons montré ailleurs[2] que, dans le premier de ces aspects, elle est fondée tantôt sur une incompréhension grossière des démarches de la psychologie expérimentale (Chomsky semble ignorer ce que recouvre le mot stimulus pour le psychologue, même pour le physiologiste!), tantôt sur une confusion surprenante entre les positions propres à Skinner et celles d'autres écoles behavioristes avec lesquelles il est en total désaccord (Chomsky consacre plusieurs paragraphes à discuter de la conception du besoin caractéristique des néo-behavioristes comme Hull ou Mowrer, dont Skinner s'est montré le critique le plus radical; ailleurs il fait passer Skinner pour un psychologue Stimulus-Réponse). Quant à la réfutation de l'interprétation du comportement verbal, elle tombe entièrement à faux, car Chomsky n'a pas un seul instant réussi à se poser le genre de question que se pose un psychologue cherchant à rendre compte d'un acte de parole produit à un moment donné par un individu particulier, et non d'un ensemble de faits de langue théoriquement possibles, ce qui n'est pas du tout la même chose.[3]

A la lecture de certains commentaires de Chomsky, quiconque connaît de première main le texte critiqué ne peut manquer de se demander si le linguiste l'avait vraiment lu en entier, ou s'il l'a compris, ou encore, s'il s'est montré d'une mauvaise foi délibérée.

Skinner n'a jamais pris la peine de défendre son point de vue face à la critique de Chomsky. Il s'en est expliqué familièrement lors d'une conférence devant une assemblée de poètes new-yorkais, en 1971.

> «Laissez-moi vous dire quelques mots à propos de Chomsky. J'ai publié *Verbal Behavior* en 1957. En 1958, je recevais une revue dactylographiée de 55 pages d'un certain Noam Chomsky dont je n'avais jamais entendu parler. J'en lus une douzaine de pages, «*saw that he missed the point of my book*» — je vis qu'il était passé à côté de la question — et n'allai pas plus loin. En 1959, je recevais un tiré à part de la revue *Language*. C'était la critique que j'avais vue auparavant, ramenée à 32 pages imprimées, et je la mis de nouveau de côté. Mais alors l'étoile de Chomsky commença à monter. La grammaire générative devint la grande affaire. Les linguistes ont toujours réussi à ébranler le monde de leurs découvertes. Il y eut une décennie où tout semblait suspendu à la sémantique, une autre où l'on ne jurait que par l'analyse du phonème. Dans les années 60, ce furent la grammaire et la syntaxe, la revue de Chomsky fut largement citée et répandue et devint, en fait, bien plus connue que mon livre.
>
> La question finit par se poser: pourquoi n'avais-je pas répondu à Chomsky? Mes raisons, je le crains, témoignent d'un manque de caractère. D'abord, il eût fallu que je lise la revue, et j'en trouvais le ton déplaisant. Ce n'était pas vraiment une revue de mon ouvrage, mais de ce que Chomsky, à tort, tenait pour ma position. Ensuite,

j'aurais dû me mettre à étudier la grammaire générative, qui n'était pas mon domaine (...).

Il y a quelques années, le magazine *Newsweek* poussa plus loin le débat, allant au-delà de la linguistique et du structuralisme, jusqu'à la philosophie du XVIIe siècle. On me disait disciple moderne de John Locke, pour qui l'esprit à ses débuts était comparable à une ardoise vierge ou à une *tabula rasa,* et qui pensait que la connaissance ne s'acquiert que par l'expérience, tandis que Chomsky était présenté comme un héritier de Descartes, le rationaliste, qui ne fut sûr de son existence que du jour où il se mit à y penser. *Newsweek* suggérait que le combat penchait plutôt dans mon sens, et la réaction des grammairiens génératifs fut si violente que le magazine estima nécessaire de publier quatre lettres pro-Chomsky. Chacune d'elles répétait un malentendu courant concernant ma position. L'une impliquait que j'étais un psychologue stimulus-réponse (ce que je ne suis pas) et une autre que je pensais que les gens ressemblent beaucoup aux pigeons (ce que je ne pense pas). L'une au moins avait une pointe d'humour. Remontant à nos progéniteurs supposés du XVIIe siècle, l'auteur conseillait à *Newsweek:* «to lock up Skinner and give Chomsky Descartes blanche» (Mais Chomsky n'avait que faire d'une *carte blanche,* naturellement: cela ressemble trop à une *tabula rasa).*»[4]

LINGUISTIQUE FORMELLE ET COMPORTEMENT VERBAL

Pour se convaincre que Chomsky est, en effet, «passé à côté de la question», il n'est pas nécessaire de lire jusqu'au bout *Verbal Behavior.* Il suffit de lire les douze première pages, voire les premières lignes du titre:

1re Partie: Un Programme
Ch. 1 Une analyse fonctionnelle
du comportement verbal

La méprise de Chomsky, et de tous les psycholinguistes qui se sont fourvoyés avec lui, découle du refus de reconnaître le projet de Skinner pour ce qu'il est: non une *théorie* mais un *programme,* non une analyse formelle du système de la langue ou du système général des langues, mais une analyse fonctionnelle du comportement verbal. La distinction est naturellement capitale.

Programme, non théorie. En effet, Skinner nous propose une voie d'approche à un problème encore très peu exploré sous l'angle qui l'intéresse. A peu près tout reste à faire pour recueillir systématiquement des faits et les organiser ensuite dans une théorie. Selon ses propres termes, la transposition qu'il tente des concepts de l'analyse expérimentale du comportement au niveau verbal est un *exercice d'interprétation.*

Quant à la distinction entre analyse formelle du langage et analyse fonctionnelle du comportement verbal, elle est au centre du débat dont la psycholinguistique contemporaine se trouve encore animée. Le non spécialiste en comprendra sans peine la signification sans qu'il soit besoin de l'encombrer de la technicité des sciences du langage. La linguistique recueille des faits de langue, des énoncés; elle cherche à y mettre de l'ordre (pour ce, elle découpe ces énoncés en certaines unités, phonèmes, morphèmes, éléments lexicaux, etc., qu'elle répartit en catégories) puis à en découvrir les règles: elle en explicite la grammaire. Celle-ci définit les conditions que doit remplir un énoncé pour appartenir à une langue particulière. A un niveau plus large, elle vise à abstraire de l'examen de toutes les langues particulières les traits communs; c'est l'ambition de la linguistique générale. Cette entreprise peut être menée, pour une grande part sinon dans sa totalité, à partir des faits de langue pris en eux-mêmes, détachés de leur contexte extralinguistique et indépendamment de ce qui se passe chez le sujet parlant aussi bien que chez ses interlocuteurs. Ainsi pouvons-nous sur base du matériel linguistique exclusivement, repérer les oppositions de sons qui constituent le système phonologique du français, observer que certaines unités — appelons-les pour faire court les *noms* — sont nécessairement marquées d'un genre, féminin ou masculin, qui n'a que peu de rapport avec la nature des choses désignées, lequel genre se manifeste dans l'article singulier, et se répercute dans certaines autres unités — qui « s'accordent » —, constater que la substitution d'un pronom à un complément d'objet entraîne un changement de position par rapport au verbe (« Il prend le panier » → « Il *le* prend »). Nous irons assurément très loin dans notre description du langage en nous en tenant ainsi au niveau formel. La linguistique a particulièrement exploité cette voie depuis que Saussure a mis en honneur la notion de langue considérée comme système organisé et fait valoir la primauté de l'analyse synchronique, et elle l'a fait avec un incontestable succès. Saussure poussait très loin cette « autosuffisance » du matériau linguistique, allant jusqu'à suggérer que les éléments du lexique se définissent plus aisément et plus correctement par rapport aux autres unités lexicales que par référence à des phénomènes extralinguistiques — les propriétés du réel par exemple. Il n'en était pas moins conscient de ce que cette manière d'aborder la *langue*, si féconde fût-elle pour la linguistique, n'épuise pas les problèmes que pose le langage : il reste en effet à rendre compte, entre autres, des actes de *parole*, dans lesquels le sujet parlant actualise, exploite, et par ailleurs contribue à modifier le système de la langue « déposé comme un trésor dans son cerveau » comme disait Saussure, usant d'une formule qui

ne l'engageait pas à grand chose au niveau neuropsychologique. L'étude scientifique de la parole requérait d'autres méthodes et d'autres cadres conceptuels que l'étude
de la langue, elle ressortissait plus à la psychologie qu'à
la linguistique, et était, à l'époque où le grand linguiste
genevois professait, encore entièrement à faire.

Les actes de paroles, que nous appellerons les *comportements verbaux*, soulèvent des problèmes que la seule
analyse formelle ne permet pas de résoudre. Imaginons
quelques circonstances dans lesquelles un sujet parlant
peut prononcer l'expression «je voudrais un verre de
vin». Dans le cas le plus probable, il se trouvera attablé
et, ayant soif, sollicitera de son hôte ou du garçon de café
de quoi se désaltérer. Il pourrait aussi se trouver seul,
interrompant soudain son travail parce que la soif se fait
sentir et s'adressant ainsi à lui-même avant d'aller se
verser un verre. Il pourrait aussi s'agir d'un élève étranger d'un cours de langue française répétant après son
moniteur une phrase modèle. Ou encore, du lecteur de
cette page lisant l'énoncé dans le texte. L'énoncé est le
même dans les quatre cas, passible de la même analyse
formelle, d'un traitement linguistique identique. Il est
clair, cependant, que nous avons affaire à quatre comportements verbaux bien distincts, dont l'analyse fonctionnelle fera apparaître les différences. Dans les deux premiers cas, l'énoncé est sans équivoque déterminé par un
état de soif du sujet parlant, absent dans les deux autres
cas. Le premier cas, à son tour, s'oppose au second par
la présence d'un interlocuteur dont on attend la satisfaction d'une demande. Le sujet isolé réagit au même besoin
interne, mais pour le reste, son énoncé n'est pas une sol-
licitation à autrui: tout au plus contribue-t-il à amorcer sa
propre action. L'élève du cours de langue, non plus que

le lecteur, ne réagissent à un état interne, et n'attendent rien de personne. Ils peuvent très bien, d'ailleurs, ne pas comprendre, au sens courant du terme, l'un ce qu'il répète, l'autre ce qu'il lit. Ce qui distingue entre eux tous ces énoncés formellement semblables, ce sont des événements qui les précèdent, les accompagnent ou les suivent.

Prenons un autre exemple. Vous produisez l'énoncé « Sire, votre majesté sera assez bonne pour écouter la requête de son humble serviteur ». Vous y appliquez un certain nombre de règles de grammaire, vous y soumettez à des contraintes linguistiques : ainsi, après *votre majesté sera*, vous n'avez pas le choix entre *bon* et *bonne*, et *son* vous est imposé par la sélection de *serviteur*, etc. Mais la sélection de ce type d'énoncé, comportant des termes comme *sire, majesté, serviteur*, et l'usage de la troisième personne vocative dépend, elle, de la personne à laquelle vous vous adressez : elle sera naturelle en présence de Louis XIV, éventuellement du Roi des Belges, mais non en présence du contrôleur du fisc duquel vous sollicitez un sursis, ni de votre voisin dont vous voulez obtenir qu'il tienne son chien attaché. Ceux-là, vous les vouvoierez, et ne leur donnerez pas du *Sire*. Un interlocuteur plus familier, vis-à-vis duquel vous vous trouvez en position d'autorité, ou d'intimité, suscitera le recours au *tu*, et d'autres particularités linguistiques. Ces choix (notamment la *personne* du verbe) sont dictés par des variables extralinguistiques, qui relèvent des relations entre sujet parlant et interlocuteur.

C'est la tâche de l'analyse du *comportement verbal* que d'expliciter toutes les variables qui déterminent chez l'individu un acte de parole particulier. C'est très spécifiquement à cela que visait Skinner dans *Verbal Behavior*.

Pour quiconque prend le parti d'aborder scientifiquement le problème, il ne peut être question d'invoquer la liberté ou le caprice du sujet parlant, comme n'hésite pas à le faire Chomsky, en prétendant que dans une situation donnée le sujet peut dire exactement ce qu'il veut, les seules restrictions étant celles qu'impose le système de la langue. S'il est vrai que théoriquement il pourrait dire une infinité de choses différentes, le fait est qu'il dit une chose et non les autres. Le linguiste formaliste a le droit de s'intéresser à toutes *les possibilités*, le psychologue le devoir de rendre compte de *la réalité*.

Il va de soi que parmi les variables multiples qui déterminent le comportement verbal, les règles linguistiques tiennent une place importante, et Skinner n'a jamais songé à le nier. A plusieurs reprises, il souligne que cet aspect du problème fait classiquement l'objet des études linguistiques, et qu'il peut se dispenser de le reprendre en détail. Mais il souligne aussi que les disciplines traditionnelles du langage n'ont pas apporté de réponse aux problèmes d'une analyse causale ou fonctionnelle du comportement verbal. C'est aux sciences du comportement, particulièrement à la psychologie, qu'il appartient de l'entreprendre. On trouvera çà et là, dans les recherches des linguistes et des logiciens, des préoccupations qui rejoignent celles de l'analyse fonctionnelle, tout en demeurant étroitement attachées à une méthodologie formelle. Skinner note l'ambiguïté de certaines tentatives de la grammaire traditionnelle qui souffrent d'une confusion entre les deux ordres de critères, formel et fonctionnel. On pourrait se demander si certains efforts contemporains, telles les théories de l'énonciation, ne sont pas vouées à la même ambiguïté et s'ils ne reposent pas sur une erreur méthodologique, en tentant de fournir un modèle formel qui, raisonnablement, ne devrait venir qu'au terme d'une analyse fonctionnelle menée par la psychologie.

Un projet d'analyse fonctionnelle n'implique aucune menace de réductionnisme. Il ne s'agit pas d'expliquer le comportement verbal en le ravalant à la simplicité (elle-même fort compliquée d'ailleurs) de l'acte moteur élémentaire du rat conditionné. On n'accuse pas de réductionnisme le biologiste qui regarde un neurone cortical humain avec le même microscope dont il use pour regarder un bacille. Skinner insiste sur les « nombreuses caractéristiques dynamiques et structurales » du comportement verbal, qui justifient, qui requièrent un « traitement particulier ».

ENCORE LE MENTALISME

Si l'analyse fonctionnelle du comportement verbal n'a pas vu le jour plus tôt, c'est que, ici plus encore qu'en d'autres domaines de la psychologie, les formulations traditionnelles y ont fait obstacle par leur mentalisme.

« Ce qui se passe quand un homme parle ou réagit à des paroles est clairement une question relative au comportement humain et dès lors elle devrait trouver réponse à l'aide des concepts et des techniques de la psychologie en tant que science expérimentale du comportement. A première vue, il semblerait que ce ne soit pas une question particulièrement difficile. Mise à part sa complexité, le comportement verbal présente, en tant qu'objet d'étude, de nombreuses propriétés favorables. Il est généralement facile à observer (si ce n'était le cas, il serait dénué de toute efficacité au titre de comportement verbal); nous ne sommes jamais à court de matériau (les gens parlent beaucoup et écoutent beaucoup); les faits sont solides et

cohérents (de bons observateurs n'auront généralement
pas de peine à se mettre d'accord sur ce qui se dit dans
une occasion donnée); et le développement de l'écriture
fournit pour enregistrer le comportement verbal un système de notation tout prêt mieux approprié et plus précis
qu'aucun système disponible dans le domaine des conduites non verbales. Ce qui manque, c'est une analyse causale et fonctionnelle satisfaisante. Comme d'autres disciplines s'intéressant au comportement verbal, la psychologie a réuni des faits et y a parfois mis un ordre utile,
mais elle n'a pas réussi à y démontrer les relations signi-
ficatives qui sont l'essence même d'une analyse scientifique. Pour des raisons qui, rétrospectivement, sont assez
faciles à identifier, elle a été amenée à négliger certains
des phénomènes essentiels dans une analyse fonctionnelle ou causale. S'il en a été ainsi, c'est parce que la
place de ces phénomènes a été occupée par certaines
causes fictives auxquelles la psychologie a mis longtemps
à renoncer.

...

On a généralement admis que pour expliquer le comportement, ou l'un de ses aspects, on doit l'attribuer à
des phénomènes se déroulant à l'intérieur de l'organisme.
Dans le domaine du comportement verbal, cette approche correspondait jadis à la doctrine de l'expression des
idées. On croyait expliquer un énoncé en explicitant les
idées qu'il exprimait. Si le sujet parlant avait eu une autre
idée, il l'aurait exprimée avec d'autres mots, ou des mots
arrangés autrement. Si son énoncé était inhabituel, c'était
à cause de l'originalité ou de la nouveauté de ses idées.
S'il semblait vide, c'était sans doute qu'il manquait
d'idées ou était incapable de les mettre en mots. S'il ne
pouvait se taire, c'était en raison de la force de ses idées.
Et s'il parlait péniblement, c'était que ses idées lui venaient avec lenteur ou étaient mal organisées.

...

Cette approche a évidemment le même but qu'une ana-

lyse causale, mais elle n'aboutit nullement au même résultat. La difficulté tient au fait que les idées que, soi-
disant, les sons remplacent, ne peuvent être observées indépendamment ... Nous construisons évidemment les
idées à volonté à partir du comportement à expliquer. Il
n'y a là aucune explication réelle ... C'est le rôle des fictions explicatives d'étouffer la curiosité et de mettre fin à
la recherche.

...

Le successeur immédiat des idées a été la « signification» et la place de celle-ci risque d'être masquée par un
nouveau venu, l'«information». (Souvenons-nous de la
date de l'écrit: l'ouvrage célèbre de George Miller, *Langage et communication*, paru en 1951, comprend un exposé sur l'intérêt de la théorie de l'information en psychologie du langage, et aussi, d'ailleurs, un chapitre en
grande partie consacré aux thèses de Skinner que l'auteur
connnaissait à partir des conférences William James dès
1947).[5] Tous ces termes ont en commun l'effet de dissuader d'une analyse fonctionnelle et d'encourager, à la
place, certaines formulations associées jadis à la théorie
des idées. »[6]

QUI SIMPLIFIE?

Pour rendre compte du comportement verbal, il ne suffit donc pas de fournir une analyse formelle cohérente
des faits de langage, puis d'invoquer chez un sujet des
idées ou des représentations dont ils seraient la traduction, ou, à la mode de Chomsky, de les identifier à la
pensée elle-même. Il faut rechercher les variables — et
elles sont multiples — qui, dans le milieu et dans le sujet,
dans le passé et dans le présent, dans les particularités du
code linguistique et dans les données extra-linguistiques,

dans le locuteur et dans l'audience, ont pu aboutir à un énoncé particulier. Un tel programme, est-il besoin d'y insister, n'a rien d'une simplification par rapport à la linguistique, puisqu'aussi bien celle-ci, dans cette énumération, se limite à la seule étude des *particularités du code linguistique.*

La véritable simplification consiste précisément à réduire à cette édude propre à la linguistique les questions de psychologie du langage. L'analyse formelle de la langue, par une curieuse transmutation, a été ainsi transposée au niveau mental, et même, pour tout ce qu'elle contient d'essentiel (les règles universelles de la langue) au niveau inné. Cette simplification — qui se donnait naturellement pour l'approche vraiment adaptée à la complexité de son objet, et réussissait à le faire croire à la faveur de la technicité des outils formels dont elle use —, cette simplification, donc, triomphait il y a une quinzaine d'années, notamment parmi les spécialistes de l'acquisition du langage. Pris au piège du glissement opéré par Chomsky de la notion de *langue* à celle de *compétence*, ils faisaient appel, soi-disant pour rendre compte de l'extraordinaire développement linguistique de l'enfant — mesurée à la non moins extraordinaire complexité de la grammaire que venaient de découvrir les pères de la linguistique transformationnelle — à quelque dispositif d'acquisition de la langue, le *Language Acquisition Device* (LAD) de McNeill. En réalité, cette hypothétique machine cérébrale, loin d'expliquer le développement du langage, en escamotait l'explication. Il fallut une dizaine d'années pour que le vent tourne, et que l'on salue comme une promesse de renouveau tel ouvrage où l'auteur aborde le langage enfantin en tenant compte du contexte situationnel tant physique que social. Aujourd'hui, on semble s'être enfin avisé de la nécessité, pour décoder le langage enfantin, pour en saisir la dynamique évolutive, non seulement d'enregistrer ce que l'enfant dit, mais d'observer aussi ce qu'il fait, ce qu'il voit, entend ou touche, à qui il le dit, qui l'écoute, qui lui parle et comment, et avec quel geste, quelle mimique, quel sourire, etc., bref de conduire une analyse fonctionnelle. On semble découvrir avec un demi-siècle de retard en matière de langage ce que Piaget a magistralement démontré en matière de logique et de connaissance, à savoir qu'une analyse formelle de l'état final ne nous aide guère à comprendre la genèse, et que, de plus, l'analyse fonctionnelle de celle-ci est de nature à éclairer singulièrement celle-là. Cette évolution significative de la psycholinguistique développementale rejoint, dans ses buts et dans ses méthodes, le programme dessiné par Skinner dans *Verbal Behavior* (bien qu'il ne s'y trouve pas de discussion spécifiquement consacrée au problème de l'acquisition du langage).

Elle vient enfin combler des ignorances que Skinner signalait encore en 1974 :

«Si structuralistes et développementalistes ne s'étaient bornés si étroitement à l'étude de la topographie du comportement, aux dépens des autres aspects des contingences de renforcement, nous en saurions beaucoup plus sur la façon dont l'enfant apprend à parler. Nous savons quels mots l'enfant emploie d'abord, et l'ordre dans lequel il tend à les employer. Nous savons quelle longueur ont ses énoncés en fonction de l'âge, etc. Si la structure était tout, nous n'aurions plus grand chose à apprendre. Mais une description de la topographie doit être complétée par une description également détaillée des conditions dans lesquelles elle s'acquiert. Quelles paroles l'enfant

a-t-il entendues ? Dans quelles circonstances les a-t-il entendues ? Quels effets a-t-il obtenu lorsqu'il a produit des
conduites similaires ? Tant que nous ne disposons pas de
ce genre d'information, nous ne pouvons juger du succès
ou de l'échec d'une théorie du comportement verbal. » [7]

Cette manière de poser le problème, que nous défen-
dions en 1971 comme indispensable, nous en trouvons
l'écho, par exemple en 1975, chez Lentin, qui recom-
mande d'étudier la « langue employée par l'adulte pour
parler à l'enfant », qui souligne que « les compte rendus
d'expérimentations en cours comprennent la situation, le
discours de l'adulte interlocuteur, les productions langagières de l'enfant et la trace de ses activités » [8].

Skinner ne s'est pas contenté, évidemment, de définir
en ses grandes lignes un programme d'analyse du comportement verbal qui, sans l'exclure d'aucune manière,
complète celle que la linguistique fait de la langue. Au
long des 450 pages de *Verbal Behavior*, il aborde une
multiplicité de problèmes et n'élude aucune des questions
difficiles. Une discussion critique détaillée de tous ces
« essais d'interprétation » reste à faire, mais elle sortirait
largement du cadre de cet ouvrage. Nous nous bornerons
à signaler quelques thèmes, à glaner quelques textes brefs
dans le seul but de montrer que nous sommes loin de la
réduction simpliste des sujets parlants à des rats ou des
pigeons (il n'est d'ailleurs pratiquement jamais question
de ces deux espèces privilégiées).

CESAR A PASSE LE RUBICON

Une grande part de l'effort de Skinner a visé à définir
des catégories fonctionnelles du comportement verbal.

Les catégories proposées ne constituent sans doute qu'une première approximation, mais elles ont l'avantage d'indiquer dans quel sens ce type de recherche peut se poursuivre, en se distinguant de l'analyse linguistique traditionnelle. La première de ces catégories rassemble les «*mand*», terme forgé pour désigner tout comportement verbal renforcé par l'intervention d'un auditeur, quelle qu'en soit, d'ailleurs, la forme grammaticale. Sont des *mand*, sous des formes diverses, les énoncés: *Fermez la porte!*, *Avez-vous fermé la porte?*, *La porte est restée fermée* ou *Une entrecôte et un quart de rouge!*, *Voudriez-vous me servir une entrecôte à point?*, *Je prendrai une entrecôte saignante et une bouteille de Beaujolais*. Ni la forme grammaticale, ni l'intention du sujet parlant ne peut ici servir de critère, mais bien les caractéristiques du comportement de l'auditeur auquel s'adresse l'énoncé.

La seconde grande catégorie comprend les «*tacts*», énoncés produits en relation avec un objet, un événement, ou une propriété d'un objet ou d'un événement. On pourrait, en termes très généraux, rapprocher la notion de *mand* de la fonction *conative* du langage, familière depuis longtemps aux psycholinguistes: le message verbal vise à agir sur la conduite d'autrui. Au *tact* correspondrait la fonction *référentielle* — le message porte sur quelque chose. Cette catégorie ne se superpose pas à une classe grammaticale particulière. Le nom *chien*, l'adjectif *bleu*, le verbe *courir* sont, dans les usages les plus courants des *tacts*, mais en sont aussi bien la désinence morphémique caractéristique du futur, ou la marque du pluriel (cette absence de superposition entre classe syntaxique et catégorie sémantique a entraîné des difficultés pour les théories linguistiques).

Skinner entreprend l'analyse de cette vaste catégorie fonctionnelle toujours en envisageant l'épisode verbal dans son ensemble, impliquant généralement locuteur et auditeur, et insérant le locuteur non seulement dans le réseau des contraintes que lui impose sa langue — via la communauté linguistique — mais dans les circonstances où émergent ses actes de parole. Il discute longuement, à ce propos, les notions de référence, de signification, d'abstraction. Il examine le cas des énoncés fort nombreux dont nous chercherions en vain les référents dans l'expérience directe du locuteur — à partir, entre autre, de l'exemple *César a passé la Rubicon*, plus convaincant encore que les mots *Eisenhower* ou *Moscou* que brandissait Chomsky dans sa fameuse critique pour rappeler qu'un sujet parlant (lui-même en l'occurrence) pouvait n'avoir aucune expérience directe des stimuli correspondant aux mots qu'il prononce, laissant croire à ses lecteurs que Skinner est assez stupide pour ignorer cette évidence (par ailleurs fort difficile à expliquer psychologiquement). C'est l'un des points qui ne peut manquer de soulever chez l'esprit averti la question gênante : Chomsky a-t-il lu l'ouvrage qu'il critique ou en fournit-il délibérément un compte rendu infidèle ?

C'est aussi dans le cadre de son analyse des *tacts* que Skinner aborde la description verbale des stimuli privés, dont nous avons discuté certains aspects dans un chapitre antérieur.

Une troisième grande catégorie est celle des *autoclitiques*. Elle recouvre un ensemble très complexe et diversifié de comportements verbaux qui ont en commun d'être sous contrôle d'autres comportements verbaux du sujet parlant et de les contrôler en retour. On y rangera les conduites verbales qui « décrivent, qualifient ou modifient d'une manière ou d'une autre d'autres conduites verbales et en clarifient ou modifient l'effet sur l'auditeur». Assertion, négation, formules d'énonciations (*J'estime que, Je suis sûr que, Je doute que, Je suppose que,* etc.) en sont des exemples. On y rangera aussi les dépendances intraverbales que décrit la grammaire, et plus particulièrement la syntaxe : règles d'accord, sélection d'un pronom, etc. Ces comportements verbaux sont fonctions d'autres comportements verbaux selon des règles caractéristiques du système de la langue. Skinner n'en entreprend pas l'analyse détaillée, puisqu'elle fait l'objet traditionnellement des recherches linguistiques, mais il en met en évidence le statut fonctionnel particulier, dans une perspective analogue à celle du linguiste Sapir ou du logicien Quine.

A côté des *mand*, des *tact* et des *autoclitiques*, Skinner distingue deux autres formes de comportement verbal : le comportement *échoïque* qui est reproduction vocale d'un modèle entendu, et le comportement *textuel* qui est production verbale au départ d'un message écrit. Ces catégories n'ont plus rien de commun avec les catégories habituelles de la linguistique, néanmoins elles tiennent une place importante dans l'ensemble des conduites verbales. L'une et l'autre jouent un rôle considérable dans la transmission des savoirs.

On comprend sans peine que ces catégories fonctionnelles ne soient pas mutuellement exclusives : un *mand* comporte généralement des aspects ressortissant au tact, et un comportement textuel peut très bien avoir valeur de *mand*.

LE COMPORTEMENT VERBAL, CONDUITE DYNAMIQUE

Les caractéristiques de l'interlocuteur, de l'audience, constituent une variable déterminante du comportement verbal qui échappe à l'analyse formelle linguistique. De l'interlocuteur dépend la sélection d'une langue particulière dans l'éventail disponible du polyglotte; l'usage d'un jargon, d'un argot, d'un vocabulaire plus ou moins technique, d'un style; la probabilité de parler de tel ou tel sujet. Skinner aborde à ce propos la plupart des problèmes auxquels s'est attachée depuis la sociolinguistique. Il signale l'importance fonctionnelle de l'audience dans l'emploi du «langage bébé», dont on sait aujourd'hui qu'il n'est pas imitation par l'adulte du langage enfantin mais ajustement spontané du langage de l'adulte au niveau de l'enfant, où l'on peut reconnaître divers procédés éducatifs implicites. Il souligne l'importance des «audiences négatives» en présence desquelles le comportement verbal en général, ou certaines formes particulières d'expression ne sont pas renforcées, ou sont punies. Il fait allusion, en passant, au double rapport du comportement verbal au refoulement: tantôt celui-ci porte, par le jeu des sanctions négatives, sur certains comportement verbaux aussi bien que non verbaux (exclusion des mots tabous), tantôt il n'autorise que le comportement verbal, étendant la place du symbolique là où le concret est frappé d'interdit. Il discute le cas, qui a souvent retenu l'attention des psychologues, du locuteur se parlant à lui-même, constituant sa propre audience. Il insiste sur la dépendance réciproque entre le comportement verbal du locuteur et le comportement (éventuellement purement verbal lui aussi) de l'auditeur. L'échange verbal vise très souvent à modifier les conduites du destinataire, à le persuader, à le convaincre, à l'amener «à parler comme vous». Ici encore, il est clair, si on analyse l'épisode verbal dans son ensemble, que les énoncés ne surgissent pas du caprice ni de la volonté du sujet parlant, mais se règlent à la faveur d'une rétroaction permanente, sur l'effet obtenu. Cet aspect du discours a paru assez important à certains philosophes pour qu'ils éprouvent le besoin de compléter l'analyse du raisonnement logique d'une analyse de l'argumentation[9]. Mais si la première peut se concevoir à un niveau strictement formel, la seconde est, dans son essence, fonctionnelle.

Contrairement à ce que laisse entendre Chomsky, le répertoire verbal de Skinner ne se ramène nullement à un magasin de réponses toutes faites que déclencheraient des stimuli simples.

> «Un répertoire, conçu comme ensemble d'opérants verbaux, décrit le comportement *potentiel* d'un locuteur ...
>
> Un répertoire d'opérants verbaux est un *construct utile*.» [10]

La productivité, la «créativité» du comportement verbal n'a pas été découverte par le père de la grammaire transformationnelle. Elle était évidente pour Skinner, qui insiste sur son caractère dynamique.

> «C'est le caractère même du comportement verbal d'être dynamique, quelles qu'en soient la dimension et la complexité.» [11]

écrit-il à l'appui de l'idée que la combinaison syntaxique propre à la phrase n'est nullement nécessaire pour que l'on puisse parler de mécanisme *actif* déjà présent dans la réponse verbale la plus élémentaire.

L'activité de construction, de «composition» variera en fonction de multiples circonstances, allant de la reproduction ou de la réactivation d'un énoncé tout fait jusqu'à l'élaboration d'une chaîne verbale inédite. Encore une fois, les connées formelles seules ne permettent pas de rendre compte des distinctions qui se situent au niveau psychologique, non linguistique, et relèvent par conséquent d'une analyse fonctionnelle. Là où Chomsky se contente d'invoquer la notion vague de créativité verbale du sujet parlant comme s'il s'agissait d'une faculté miraculeuse également à l'œuvre en toutes ses productions langagières, Skinner exige que l'on tienne compte des différences d'élaboration — dont Jackson, bien avant lui, avait reconnu l'importance neuropsychologique. Chomsky, en faisant de la créativité une sorte de propriété a priori, a en fait simplifié et éludé un problème dont Skinner avait perçu toute la complexité.

Le lecteur surpris de trouver chez le behavioriste radical une préoccupation pour la productivité du comportement verbal pourra se réserver de nouveaux étonnements en approfondissant tel chapitre de *Verbal Behavior* où l'auteur use, à propos de l'élaboration des énoncés par le sujet, du terme *generate,* devenu si commun dans le lexique du linguiste et du psycholinguiste — traduit tantôt par *générer* tantôt par *engendrer* — depuis que la *grammaire générative* l'a mis à la mode; où apparaît, dans un sens qui n'est pas totalement étranger à la notion de structure profonde, l'expression «forme latente»; où telle remarque sur le degré de liberté dans la sélection d'une forme syntaxique fait immanquablement songer aux *transformations facultatives*. [12]

Non, ce n'est pas Skinner qui est coupable de simplification: son ouvrage sur le comportement verbal soulève

— sans toujours les résoudre, ce qu'il serait ridicule de lui reprocher — infiniment plus de problèmes que les linguistes formalistes. La simplification, c'est chez Chomsky que nous la trouvons, et sous une double forme : simplification des questions que pose au chercheur le comportement verbal par réduction d'un des domaines d'activité les plus polymorphes de l'espèce humaine à un modèle formel, et simplification fallacieuse, déformation d'un texte qu'il lui importait, semble-t-il, d'anéantir.

CHAPITRE VI

PENSEE ET CREATIVITE

PENSEE ET ACTION

L'examen du comportement verbal se prolonge par celui de la pensée. Watson, le fondateur du behaviorisme, avait éludé le problème de la pensée en la réduisant à du langage subvocal. Il est encore courant aujourd'hui — Piaget lui-même commet cette erreur — de ramener à cette interprétation watsonienne toute la contribution behavioriste dans l'étude de la pensée. Skinner la rejette sans équivoque : « On ne gagne rien à identifier la pensée au langage subvocal ». Il y a des comportements manifestes, accessibles à l'observation, et des comportements non manifestes. Ces derniers peuvent être verbaux ou non verbaux. La pensée est comportement, elle est *action*, qu'elle soit directement accessible à l'observateur extérieur, accessible par le seul sujet ou « inconsciente ».

« La théorie selon laquelle la pensée n'est rien d'autre que du langage subvocal a au moins eu cette conséquence favorable d'identifier la pensée à des comportements. Mais le langage n'est qu'un cas particulier de comportement, et le langage subvocal une subdivision supplémentaire. En gros, la gamme des comportements verbaux s'étend, en ordre d'énergie décroissante, de l'émission violente aux paroles à voix forte, puis à voix calme, à voix murmurée, marmonnée «dans sa barbe», jusqu'au langage subvocal avec activité musculaire détectable, au langage subvocal aux dimensions encore obscures, et enfin la «pensée inconsciente» parfois inférée dans certains cas de solution de problème. Il n'y a pas de point auquel il y ait intérêt à opérer une rupture qui distinguerait la pensée de l'action sur ce continuum.»

«La conception la plus simple et la plus satisfaisante consiste à voir dans la pensée une *conduite* — verbale ou non verbale, manifeste ou non. Elle n'est pas un processus mystérieux responsable du comportement mais comportement même, dans toute la complexité des relations qui le déterminent, tant du côté du sujet qui se comporte que du côté de l'environnement dans lequel il vit.»

«La pensée n'est pas une cause mystique ou un précurseur de l'action, ni un rituel inaccessible, elle est action, et se prête comme telle à une analyse à l'aide des concepts et des techniques des sciences naturelles, analyse qui vise à en rendre compte, en dernier ressort, en termes de variables dont elle est fonction.»[1]

Cette dernière phrase pourrait avoir été écrite par Piaget, (mis à part le dernier membre: Piaget, plus structuraliste, eût moins mis l'accent sur la primauté de l'analyse fonctionnelle). Nous avons montré ailleurs[2] les parentés entre les théories du maître du constructivisme genevois et les conceptions du chef de file du behaviorisme contemporain, en dépit de l'ignorance dont chacun d'eux témoigne à l'endroit de l'autre.

PIAGET ET SKINNER

L'enracinement de la pensée dans l'action n'est certainement pas la moindre de ces parentés. *Notre connaissance est action*[3] écrit Skinner, et, comme nous l'avons vu antérieurement, toute la notion de comportement opérant se distingue des psychologies Stimulus-Réponse en ce qu'elle affirme la primauté de l'acte, non du stimulus, et subordonne l'effet (sélectif) *de* l'environnement à l'effet *sur* l'environnement.

Acte moteur ou pensée, « le comportement opérant est essentiellement l'exercice d'un pouvoir : il a un effet sur l'environnement ».[4] Piaget a, de son côté, sans cesse insisté sur cette action sur l'environnement, où il voit une caractéristique des niveaux supérieurs d'adaptation, et qu'il oppose volontiers aux conceptions de l'empirisme behavioriste, sans noter que les vues de Skinner s'en écartent singulièrement.

> « L'organisme agit sur le milieu, au lieu de le subir sans plus... Pour ce qui concerne les niveaux supérieurs où le comportement joue un rôle non négligeable, ce comportement est loin de se borner à des compensations en réponse à des perturbations ou à une agression du milieu : il peut consister au contraire en conduites conquérantes visant à une extension de l'environnement ».[5]

C'est naturellement aux comportements intelligents que songe Piaget quand il parle de *conduites conquérantes*, et c'est dans une discussion sur la pensée et la connaissance que Skinner rappelle la propriété essentielle du comportement opérant — *exercice d'un pouvoir* de l'organisme sur le milieu. (Les commentateurs enclins à gloser sur les implications idéologiques des scientifiques trouveront sans doute aussi bien dans *ces conduites conquérantes* que dans l'*exercice d'un pouvoir* de quoi alimenter leurs réflexions).

Cette assimilation de la pensée à l'action, et ce rapprochement avec les thèses de Piaget surprendront sans doute ceux qui, avec le maître genevois d'ailleurs, voient dans le behaviorisme la survivance en psychologie scientifique de l'empirisme philosophique. Une dernière citation, qui remonte à 1957, ne laissera subsister aucun doute sur la position de Skinner. Elle est extraite d'une discussion avec le psychiatre-psychanalyste F. Alexander, dans laquelle ce dernier se rattachait à une théorie empiriste de la conaissance.

> « L'idée que la connaissance consiste en impressions des sens et en concepts dérivés de ces impressions était déjà, évidemment, celle de l'empirisme britannique et est encore partagée par beaucoup de gens. Mais d'autres, *dont je suis*, pensent que cette conception est incapable de représenter correctement la connaissance humaine. Même l'idée la plus simple n'est pas, comme le supposait Locke, un assemblage de matériau sensoriel en réponse à une stimulation. Supposer que la connaissance physique existe dans l'esprit du physicien sous forme de matériel psychique ou mental — comme la manière dont je regarde le monde — me paraît tout à fait absurde. A aucun moment une théorie physique n'est un événement psychique au même titre qu'une image ou une sensation.

> Dire que la physique retourne toujours aux impressions des sens revient à dire que l'organisme n'est en contact avec l'environnement qu'à travers des organes sensoriels — un axiome tout à fait évident. Mais l'organisme fait plus que s'imprégner de l'environnement. Il *réagit par rapport à l'environnement,* et au fil de son existence apprend des manières de plus en plus variées d'y réagir.

Une autre conception de la connaissance, que beaucoup d'entre nous soutiennent, *veut que la connaissance soit action*, plutôt qu'enregistrement sensoriel, et qu'une formulation de la connaissance se fasse de termes de comportement. » [6]

Certes, on chercherait en vain chez Skinner des contributions expérimentales substantielles à l'étude de l'intelligence : il n'en a pas fait son objet de recherches. Lorsqu'il aborde le problème, notamment à propos de l'enseignement, son apport est essentiellement — comme pour le langage — d'ordre méthodologique. La psychologie doit se donner pour tâche une analyse fonctionnelle des conduites intellectuelles et ne pas se contenter d'une analyse formelle. Dans son principe, l'entreprise de Piaget ne visait à rien d'autre. Peu satisfait de réduire l'explication de l'intelligence à la description des formes achevées du raisonnement telle que la propose la logique, instruit des échecs de ses prédécesseurs quant à l'impossibilité d'une appréhension par le sujet lui-même des mécanismes de sa propre pensée, le maître genevois s'est engagé dans l'exploration ontogénétique avec la conviction que l'intelligence ne révélerait ses secrets que si l'on en suivait l'histoire naturelle au départ des actions. L'intention première, comme la méthodologie de base, relèvent d'une perspective fonctionnelle. En se développant, la théorie a remis l'accent sur le structural, pour deux raisons : d'une part, malgré l'affirmation d'un point de vue franchement interactionniste, l'idée du déroulement d'un programme développemental assez rigidement dicté par les structures héritées; d'autre part, une préoccupation probablement excessive et prématurée de définir des stades, clairement considérés comme des paliers structuraux. Mais, depuis plusieurs années, et ceci est significa-

tif, on assiste, dans le prolongement des études piagé-
tiennes, à de multiples tentatives visant à compléter, sinon à dépasser les interprétations de Piaget, renouvelant
en quelque sorte à son égard la critique qu'en psychologue il adressait jadis aux logiciens. Piaget s'est arrêté à
mi-chemin et les problèmes que laissent irrésolus sa théorie trouveront vraisemblablement leur solution à travers
une analyse fonctionnelle, et nullement à travers un raffinement illimité des descriptions structurales. Certains
travaux, comme ceux réalisés par Botson et Deliège, indiquent dès à présent la fécondité d'une méthodologie
inspirée de Skinner.[7]

DEUX NIVEAUX DES CONDUITES

Parmi les réflexions de Skinner sur l'activité intellec-
tuelle, il vaut la peine de revenir sur la distinction entre
comportement modelé par les contingences et *comportement gouverné par les règles*. Elle indique en effet une
fois de plus que l'usage d'une même approche méthodologique et le souci de repérer les continuités entre conduites d'espèces inférieures et supérieures n'exclut nullement la prise en considération des caractères propres à
certains niveaux du comportement, irréductibles aux niveaux inférieurs. Cette dialectique de la continuité et du
changement imprègne toute la pensée biologique, dès lors
qu'elle dépasse le réductionnisme et, à cet égard aussi il y
a lieu de rapprocher Piaget et Skinner.

Un rat dans un labyrinthe, un chat enfermé dans une
cage, apprennent au contact direct du milieu: le premier
s'engage dans une impasse et fait marche arrière, le second manipule sans succès le verrou, puis agit autrement.

Le comportement est modelé progressivement par les contingences en vigueur dans l'environnement.

Chez l'être humain, à ce mode d'interaction avec le milieu, s'en ajoute un autre qui amplifie singulièrement son pouvoir sur l'univers qui l'entoure. Le comportement humain peut être non seulement modelé par les contingences, mais gouverné par des règles. Un exemple simple éclairera la distinction. Vous pouvez débarquer dans une gare au centre d'une ville inconnue et vous y promener pendant des heures jusqu'à ce que vous parveniez à découvrir la mairie. Vous aurez agi comme le rat dans son labyrinthe, éliminant peu à peu les trajets infructueux. Il est d'autres manières d'atteindre votre but, par exemple en demandant le conseil d'un habitant, qui vous indiquera : « Allez jusqu'au deuxième carrefour, là prenez à droite, ensuite la quatrième rue à gauche, etc. », ou encore en vous procurant un plan de la ville. Dans ces deux cas, vous vous éviterez beaucoup d'inutiles détours, en suivant des *règles*. Celles-ci reposent sur la fonction symbolique ou représentative, qui nous permet, par le langage ou quelque autre mode de représentation (le schéma graphique du plan de la ville, par exemple) de spécifier anticipativement les conduites à exécuter. Dans l'exemple du voyageur dans une ville inconnue, on voit sans peine ce que le procédé présente d'économique, et comment il fait profiter l'individu d'une expérience accumulée avant lui par d'autres.

Dans d'autres cas, il ne se traduit pas seulement par un gain de temps ou d'énergie, il limite les risques. Un amateur d'alpinisme débutant s'expose à des chutes fatales s'il entreprend de se familiariser avec la montagne sans guide. Il progressera plus vite, mais surtout avec plus de sécurité, si on lui indique à quelle prise se fier, comment fixer ses crampons, etc. Pour beaucoup d'apprentissages requis par une civilisation technologique, on n'imagine pas d'autre modalité que le contrôle du comportement par les règles: personne ne prendrait le risque de proposer que la conduite d'une voiture, le pilotage d'un avion, soit laissé aux hasards d'un contact direct avec les contingences!

Le contrôle des comportements par des règles est naturellement la condition essentielle du phénomène culturel, en tant qu'il est processus cumulatif de transmission des acquis. La science, par exemple, ne progresserait plus si chacun devait refaire pour lui-même toutes les découvertes antérieures avant d'entamer ses propres recherches, et la plupart des machines d'usage quotidien seraient sans aucune utilité si elles n'étaient accompagnées d'un mode d'emploi et si ce mode d'emploi n'était propre à induire les comportements d'utilisation appropriés. Il y a donc là un mécanisme essentiel des contingences sociales.

Quel statut peut-on donner à ces règles, entendues au sens large, dans une analyse opérante? Nous l'avons vu, elles jouent le rôle de stimuli discriminatifs et de comportements précurrents. En tant que stimuli discriminatifs, elles n'ont pas le pouvoir de déclencher à coup sûr le comportement, elles le rendent seulement plus probable — mais d'autres conditions doivent éventuellement être réunies aussi. A titre de comportements précurrents, elles interviennent lorsque le sujet lui-même «se donne» des règles qui lui permettront d'atteindre la solution d'un problème, ou de se conduire d'une certaine manière. Les règles sont alors parties des activités intelligentes, de la pensée, de l'anticipation réfléchie de l'action, ou instrument de ce que l'on désigne par l'expression «contrôle de soi».

La distinction *règles-contingences directes* indique clairement une rupture qui coïncide probablement avec la démarcation entre espèce humaine et certaines espèces infra-humaines (ce qui n'exclut nullement qu'on trouve certaines ébauches de représentation symbolique, de communication pré-linguistique ni de solution de problème chez les espèces inférieures, mais jamais comme mécanisme extensible à l'infini — ce qui est le propre des *rule-governed behavior*).

Il importe de noter que les comportements à première vue comparables peuvent très bien être issus des deux modalités différentes. Une fois le comportement adéquat installé, l'individu qui aura appris la route de la mairie en rôdant au hasard dans la ville ne se distinguera pas, pour un observateur non averti, de celui qui l'aura apprise au départ du conseil d'autrui. Pourtant ils diffèrent par l'*histoire* de leur apprentissage, et certains sous-produits qu'elle entraîne : le premier sera en mesure d'exploiter sa connaissance des rues parcourues au hasard de ses premières promenades, le second ignore tout en dehors du trajet fidèlement suivi. De même, nous pouvons parler une langue étrangère parce que nous avons vécu dans la communauté linguistique dans notre enfance, et l'avons apprise comme notre langue maternelle, au contact direct des gens et des choses. Nous pouvons aussi la parler grâce à un apprentissage systématique des règles de sa grammaire, des mots de son vocabulaire, des détails de sa prononciation. Nous produirons peut-être dans les deux cas des énoncés comparables, mais ce ne sont pas les mêmes variables qui ont présidé à leur émergence dans notre répertoire. L'analyse de certains détails, ou des circonstances privilégiées mettront en évidence les différences.

Les règles permettent d'engendrer des comportements plus économiques, moins dangereux, de placer les conduites humaines sous contrôle de conséquences lointaines ou peu probables. Ainsi, à peu près personne ne souscrirait d'assurance s'il fallait attendre que ce comportement très particulier soit modelé directement par les contingences; il est typiquement contrôlé par des règles dégagées d'une analyse statistique qui n'a de sens qu'au niveau d'une population ou au niveau d'une vie entière. Si elles autorisent des masses de comportements qui n'ont pas leur contrepartie dans le répertoire façonné par les contingences, elles ne se substituent que partiellement à celui-ci, qui conserve en quelque sorte son originalité propre. Skinner ramène à la dichotomie *règles-contingences* toute une série de distinctions classiques, qui opposent *impulsion-réflexion, principe de réalité* et *principe de plaisir, comportement naturel* et *comportement culturel, naturel* et *artificiel, intellect* et *affectivité logique* et *intuition, savoir* et *savoir-faire, raison* et *foi, vérité* et *croyance, raison* et *passion.*

> « Le cœur a ses raisons que la raison ne connaît point ». Le sens profond des mots de Pascal, c'est que le comportement gouverné par les règles et le comportement façonné par les contingences sont différents, et que le premier ne peut parfaitement simuler le second. Les contingences comportent des raisons que les règles ne peuvent jamais spécifier. »[8]

On objectera peut-être que l'analyse proposée par Skinner n'est pas extrêmement originale. Elle reprend, sous une terminologie différente, les problèmes qui ont retenu l'attention de tous ceux qui ont abordé la psychologie humaine: le rôle du langage et, en général, de la représentation dans la description des conduites et de l'univers, dans l'auto-description, dans la planification et la régulation de l'action. D'autres auteurs, de Janet à George Miller, ont apporté sur ces sujets des réflexions théoriques à maints égards plus riches que celles de Skinner. De leur côté, des chercheurs comme Piaget, comme Luria, ont fourni des contributions expérimentales sur quelques-uns des problèmes soulevés. Bien que les suggestions faites par Skinner puissent se révéler utiles aux recherches futures, elles ne se substituent pas aux nombreux travaux en psychologie de la pensée. Elles n'y prétendent d'ailleurs nullement. Elles attestent seulement que Skinner n'a pas éludé des dimensions justement tenues pour essentielles des conduites de l'homme, et que l'approche qu'il en esquisse n'a rien de réductionniste.

LA CREATIVITE, CHOSE DU MONDE LA MIEUX PARTAGEE

Si comportement verbal et conduites intellectuelles se prêtent, à la rigueur, à une analyse scientifique, telle que l'envisage le behaviorisme skinnérien, le domaine de la créativité, si important dans l'évolution culturelle propre à l'espèce humaine, n'en marque-t-il pas les limites ? Ne serait-ce pas pousser le paradoxe un peu loin que d'aborder la créativité dans le cadre d'une théorie du conditionnement ?

Skinner ne nous fournit pas une explication de Mozart ni de Shakespeare. Mais il nous propose une reformulation du problème de la créativité qui permettrait peut-être de dépasser le piétinnement que connaissent aujourdh'ui, malgré leur nombre, les travaux en la matière. Cela fait à peu près un quart de siècle, en effet, que le thème de la créativité connaît, parmi les psychologues et les pédagogues, mais aussi parmi les hommes d'affaire et les politiciens, une vogue sans précédent. Un esprit facétieux rappelait à ce propos qu'on ne parla jamais tant de pétrole que lorsqu'il vint à en manquer. Il est vrai que cet intérêt pour la créativité ne prit pas origine dans le souci soudain d'orienter les loisirs dans un sens constructif, mais dans la prise de conscience, au moment de la guerre froide, d'un possible triomphe de l'adversaire dans la course aux cerveaux créateurs. Depuis lors, on n'a cessé de s'interroger sur la nature de la créativité, sur les moyens de la mesurer et de la stimuler. Les recherches les plus élaborées ne nous font guère dépasser l'idée que la créativité est une faculté de l'esprit, résultant pour les uns d'une heureuse convergence d'aptitudes mentales, de traits de personnalité divers et de circonstances favorables, innée pour les autres, également partagée entre les hommes et ne demandant qu'à s'exprimer. Les mesures que l'on nous en propose ressemblent fort à celles que l'on utilise classiquement pour mesurer par les tests un quotient intellectuel: si elles différencient les individus entre eux, elles ne nous expliquent rien sur l'intelligence. Quant à la stimulation de la créativité, elle fournit aux mythes non-directivistes une occasion particulièrement favorable à exercer leur emprise sans s'encombrer du devoir de faire la preuve de leurs résultats: la créativité étant la chose du monde la mieux partagée, il n'est que de la laisser s'épanouir; le rôle de l'éducateur se bornera à empêcher que la société ne l'étouffe; la créativité ne s'éduque pas, elle *se libère*.

On voit sans peine comment le mentalisme sert ici de support à des doctrines pédagogiques qui présentent le grand avantage de ne pouvoir être prises en défaut: lorsqu'on se donne pour principe d'intervenir le moins possible pour garantir l'épanouissement de mystérieuses facultés, présentes dans l'être dès le départ, on ne peut se voir reprocher qu'elles ne se manifestent pas autant qu'on aurait voulu.

UN DETERMINISME GENERATEUR DE NOUVEAUTE

Si nous voulons peu à peu comprendre ce qu'est un individu dit créatif, ou une société créative, et repérer les conditions propres à les produire, nous devons d'abord renoncer à parler d'une faculté mentale dont les dimensions échappent, par nature, à toute analyse scientifique. Nous devons porter toute notre attention sur les conduites caractéristiques de l'individu dit créatif, et en identifier les propriétés particulières. Nous verrons alors si ces conduites obéissent à des lois fondamentalement différentes de celles des comportements opérants en général. La propriété la plus distinctive du comportement créatif est probablement sa nouveauté, nouveauté nécessairement relative à un ensemble de comportements de référence — tous les comportements antérieurs du sujet, ceux de ses contemporains, ceux de son groupe social aussi bien passé que présent, etc. Le schéma du conditionnement opérant permet parfaitement d'envisager une action sélective du milieu qui porterait électivement sur cette propriété de *nouveauté*. Comme le renforcement peut sanctionner toute conduite reproduisant strictement la précédente, il peut sanctionner toute conduite se distinguant de la précédente, ou des précédentes.

Nous avons vu d'autre part que le conditionnement, même d'un acte moteur très simple, supposait un fond de variabilité, et que, vraisemblablement, plus cette variabilité était grande et plus s'offraient, à l'action sélective du milieu, de dimensions des conduites, et par conséquent de possibilités de privilégier la nouveauté. Loin de poser à la théorie du conditionnement opérant une question insoluble, les conduites créatives fournissent au contraire l'occasion la plus propice à en clarifier les termes essentiels. Et c'est ici peut-être que le parallélisme avec l'évolution biologique apparaîtra le plus éclairant:

> « La nouveauté et l'originalité peuvent surgir à l'intérieur d'un système entièrement déterministe. La théorie de l'évolution nous en fournit l'exemple classique approprié. Les formes vivantes répandues sur la terre exhibent une variété qui dépasse largement celle des œuvres d'art. On attribuait jadis cette diversité aux caprices et aux fantaisies d'un Esprit créateur. Mais Darwin proposa une autre explication. Le mot « origine » dans *l'Origine des Espèces* est important, car l'ouvrage est essentiellement une étude de l'originalité. Il est possible de rendre compte de la multiplicité des formes vivantes en termes de mutation et de sélection, sans faire appel à aucun plan préalable. Des éléments comparables se retrouveront dans le comportement de l'artiste qui produit des œuvres originales. » [9]

Le texte suivant, extrait de la même conférence que les confidences sur Chomsky, formule la même idée. Comment expliquer la création de quelque chose de nouveau?

> « La réponse, ici encore, est à chercher dans la biologie. Il y a un peu plus de cent ans, l'acte de création était discuté pour une raison très différente. Les êtres vivants à la surface de la terre présentaient une diversité fantastique — et qui dépasse de beaucoup celle des œuvres de Shakespeare — et on les attribuait depuis longtemps à un Esprit créateur. Ainsi, on tenait l'anatomie de la main pour une preuve d'un plan préalable. Et exactement comme on nous dit aujourd'hui qu'une analyse compor-

tementale ne peut expliquer le nombre ''potentiellement infini de phrases que peut composer un sujet parlant'', ainsi soutenait-on à l'époque qu'aucun processus physique ou biologique ne pourrait expliquer le nombre potentiellement infini d'êtres vivants à la surface de la terre. (Assez curieusement le comportement créateur invoqué en guise d'explication était verbal: ''Au commencement était le Verbe''..., sans aucun doute fourni par une grammaire *générative*.)

Le terme-clef dans le titre de Darwin est *origine*. La nouveauté pouvait s'expliquer sans faire appel à un plan préalable si des changements aléatoires dans la structure étaient sélectionnés par leurs conséquences. C'étaient les contingences de survie qui créaient les formes nouvelles. La sélection est un type particulier de causalité, beaucoup moins apparent que la causalité mécanique de la physique du XIXᵉ siècle, et c'est peut-être pour cette raison que la découverte de Darwin survient si tard dans l'histoire de la pensée humaine.» [10]

S'agissant de productions artisanales, scientifiques ou artistiques, l'action sélective sur l'originalité est celle d'un milieu social: la conduite nouvelle ne doit pas seulement apparaître, elle doit être *retenue*. Cette sanction sociale ne ramène nullement la reconnaissance de l'originalité créatrice au conformisme. Souvent, en effet, elle ne se traduit pas de façon directe et simple. Elle apparaît d'autant plus positive qu'elle sera différée — Stendhal écrivait pour les lecteurs de 1930, au mieux de 1880 —, ou restreinte à une élite — l'approbation d'un seul grand maître vaut plus qu'un public immense. Elle se fera même à rebours: le créateur se sentira d'autant plus encouragé dans sa voie qu'il sera en bute aux critiques les plus violentes. Skinner lui-même semble avoir attaché plus de prix aux attaques dont il a été l'objet qu'à l'audience qu'il a acquise. Il est de ceux qui, même dans le domaine scientifique, tiennent pour un bon indice de la valeur de leurs idées de passer pour des fous. Il narre, dans un article de 1960, l'histoire d'un projet de recherche entrepris pendant la guerre de 40, visant à utiliser des pigeons conditionnés pour guider des missiles à longue distance. L'affaire ne dépassa jamais le stade expérimental, en partie en raison des progrès réalisés de leur côté par les ingénieurs, dans la recherche de solutions purement inorganiques, en partie à cause du scepticisme des autorités militaires (qui découvrirent un peu tard que d'autres armées avaient poussé plus avant et réussi à exploiter des animaux dressés dans l'attaque de sous-marins ou de chars d'assaut). Mais elle n'en fut pas moins pour Skinner et ses collaborateurs l'occasion d'observations et d'expérimentations, qui n'auraient jamais vu le jour, vraisemblablement, dans un contexte plus routinier. La dernière page de cet article servira de conclusion à ces remarques, très allusives, sur l'approche skinnérienne à la créativité.

> « Si je proclamais, pour conclure, qu'il faut encourager les idées farfelues, on me rétorquerait probablement que la psychologie en a déjà eu plus qu'il n'en faut. Si c'est vrai, il faut croire qu'elles n'ont pas germé au bon endroit. Réagissant contre les excès du charlatanisme psychologique, les psychologues ont développé un souci démesuré de respectabilité scientifique. Ils ne cessent de mettre en garde leurs élèves contre les faits discutables et les théories sans fondements. Aussi la thèse de doctorat est-elle habituellement un modèle de circonspection compulsive, n'avançant que les plus timides conclusions, scrupuleusement circonstanciées. Mais c'est justement l'homme capable de déployer une si admirable prudence qui aurait besoin d'un brin de spéculation non contrôlée.

Peut-être cela l'aiderait-il de s'exposer généreusement à la science-fiction psychologique. Le Projet Pigeon semble bien confirmer cette manière de voir. Mis à part son but officiel, il fut, à mes yeux, hautement productif; et ce fut dans une large mesure, parce que mes collègues et moi-même savions que, pour le reste du monde, nous passions pour des fous.» [11]

CHAPITRE VII

APPLICATIONS EDUCATIVES
THERAPIE ET MODIFICATION
DU COMPORTEMENT

L'analyse expérimentale du comportement, et la théorie behavioriste qui la sous-tend, ont joué un rôle important dans les développements de deux domaines d'application psychologique relativement récents. Il s'agit d'une part des applications pédagogiques, dont la plus connue est l'enseignement programmé; d'autre part des applications thérapeutiques et rééducatives répandues sous les noms de *thérapies comportementales* (Behavior therapy) et de *modification du comportement*. Ces deux courants ont pris leur essor depuis un quart de siècle environ. Ils ont, comme toujours, des précurseurs : ainsi Pressey pour les machines à enseigner, Watson pour la thérapie du comportement. Ils s'enracinent en partie, mais en partie seulement, dans les travaux et les idées de Skinner. L'enseignement programmé a largement exploité la technologie des ordinateurs qui ne doit rien au maître du behaviorisme. La thérapie du comportement emprunte à Pavlov certaines de ses méthodes et de ses références théoriques. En certains de leurs aspects, les pratiques actuelles, qui font souvent l'objet, en France notamment, d'attaques passionnelles, s'écartent singulièrement des conceptions de Skinner. Il est cependant assez courant de lui faire endosser la responsabilité de l'ensemble. Il importe, au contraire, pour notre propos — qui est de présenter fidèlement les apports de Skinner — de distinguer clairement ce qui lui revient. Il y a place, par ailleurs, pour un large débat, et sur l'enseignement programmé, et sur la thérapie du comportement, mais nous ne pouvons songer à le mener ici. Tout au plus indiquerons-nous, indirectement, quelles questions, dans ce débat, ne peuvent s'adresser à l'un des principaux inspirateurs.

L'ELEVE ROBOT

Skinner à l'école! C'est le spectre de la robotisation des élèves à travers la machine à enseigner, c'est la déshumanisation de l'enseignement. Contre une telle menace, il n'est pas étonnant que combattent côte à côte partisans de l'école traditionnelle et défenseurs de la non directivité. Pour les premiers, il faut empêcher de se propager ce véritable péché contre l'esprit qui « néglige les facultés mentales auxquelles se réfère tout enseignement traditionnel, qui exclut totalement les notions de mémoire, de créativité, de réflexion »[1]; pour les seconds, il est intolérable que l'on exige de définir, en termes de comportements objectivables, les buts de l'éducation. Pour les uns comme pour les autres, il ne peut être question que le maître s'efface devant la machine: qu'il incarne l'institution et infléchisse par son autorité à s'y soumettre, ou qu'il se donne pour mission, par son empathie, d'amener ses élèves à se découvrir eux-mêmes, le maître est irremplaçable.

S'agit-il vraiment de cela? Skinner, rappelons-le, commença à se préoccuper des problèmes d'enseignement après une visite dans la classe primaire que fréquentait sa fille. Il y mesura la distance entre nos connaissances, si limitées soient-elles encore, en psychologie de l'apprentissage et les pratiques éducatives, qui pourtant devraient s'appuyer sur elles. De là naquirent, d'une part, des expériences d'enseignement programmé qui devaient jouer un rôle déclencheur dans le développement de ces techniques didactiques, d'autre part des réflexions critiques sur les méthodes éducatives traditionnelles et sur la plupart des solutions de rechange proposées par diverses doctrines pédagogiques en vogue. Pour bien situer les premières, il faut connaître les secondes. Des articles rassemblés dans *Technology of Teaching* (*La Révolution Scientifique de l'Enseignement*), quelques-uns seulement présentent les principes de l'enseignement programmé et des machines à enseigner. Les autres soumettent l'enseignement à l'une des critiques les plus lucides qui en ait été faite.

PROCES DE L'ECOLE

L'institution scolaire souffre d'une inefficacité grandissante, que révèle de plus en plus dramatiquement son extension contemporaine. Cette inefficacité tient essentiellement à deux choses, d'ailleurs étroitement liées. L'école ne définit pas ses objectifs, ou ne les définit qu'en termes très généraux: elle forme l'esprit, éduque pour la vie, ouvre l'élève à la culture, prépare aux responsabilités du citoyen de demain, cultive la créativité scientifique, etc. Ces formulations, typiquement mentalistes, ne permettent pas d'évaluer objectivement si les buts poursuivis ont été atteints. L'école élude ainsi, et c'est la seconde source de son inefficacité, le problème de ses moyens; elle se perpétue en appliquant des méthodes qui violent les lois de l'apprentissage, et s'il arrive que ces méthodes soient mises en question, c'est pour leur en substituer d'autres tout aussi confuses.

La vie d'une classe traditionnelle, en dépit de la bonne volonté et même de la qualité de l'enseignant, laisse peu de place à la production explicite par chacun des élèves des comportements que l'on veut mettre en place. Comment s'assurer qu'ils s'installent? Et comment les sanctionner à propos? Le peu qui s'en manifeste — réponses au cours d'une leçon, interrogations écrites, devoirs et examens — fait le plus souvent l'objet d'une sanction *différée*, et *négative*. Le système de renforcement scolaire, même s'il ne comprend plus guère de châtiments corporels, n'en reste pas moins en grande partie aversif, et peu d'écoles seraient remplies si la fréquentation n'en était obligatoire.

Face à une classe souvent nombreuse, l'enseignant n'est pas en mesure de dispenser une instruction adaptée au niveau de chaque individu, d'aménager une progression adéquate pour les plus faibles, en même temps que stimulante pour les plus forts.

Les déficiences de l'école, qui n'ont cessé de s'accuser depuis les premiers écrits de Skinner sur la question (que l'on songe à la masse des échecs et retards scolaires, au déchet dans toutes les orientations et à tous les niveaux de l'enseignement), entraînent une insatisfaction généra le, chez les élèves, chez les enseignants, chez les parents. Quelques-uns s'en consolent en continuant à révérer les buts traditionnellement assignés à l'école: si elle doit, par exemple, ouvrir l'esprit des élèves à la littérature, sa mission sera accomplie pourvu qu'un cours de littérature soit inscrit au programme.

Beaucoup chercheront autre chose. Ils tenteront de définir de nouveaux objectifs et une nouvelle pédagogie. Les buts de l'école changeront: il s'agira, par exemple, d'épanouir l'enfant, de respecter ou d'éveiller ses intérêts, de rendre l'école active. Ces réorientations sont aussi louables que compréhensibles. Elles soulagent éventuellement en changeant le climat de l'école, mais n'assurent pas vraiment que l'on y apprenne quelque chose. Elles négligent en effet de spécifier les conduites à installer, et accordent leurs renforcements sans égard pour le comportement.

> « Une architecture agréable, une décoration gaie, un mobilier confortable, une organisation sympathique des rapports sociaux, des sujets intéressants, sont autant de renforcements, mais il ne renforcent que les comportements qu'ils sanctionnent. Un bâtiment d'école attrayant renforce le comportement qui consiste à venir le voir. Une classe confortable égayée de couleurs renforce le comportement d'y entrer. Toutes ces choses, peuvent, si l'on veut, renforcer une attitude générale positive envers l'école. Mais elles ne fournissent que la mise en scène de l'instruction. Elles n'enseignent pas ce que les élèves sont censés apprendre à l'école. » [2]

Les pédagogies non-directivistes tendent, en règle générale, à écarter tout ce qui relève du contrôle aversif, mais sans se donner la peine de préciser les buts de leur action en termes objectivement évaluables. Elles entretiennent en fait les mêmes déficiences, en se bornant à les rendre plus tolérables.

Plus logiques, d'une certaine façon, les idéologies anti-école proposent purement et simplement de supprimer l'institution: l'école ne sera plus, donc elle ne sera plus répressive et n'aura plus à prouver sa réussite. Cette solution radicale a au moins le mérite de poser clairement la question capitale: si les institutions négatives se prétendent utiles et nécessaires, il leur appartient d'en faire la preuve, et pour cela elles doivent accepter de dire clairement leurs objectifs et appliquer les méthodes qui leur permettent de les réaliser.

MACHINES A ENSEIGNER
OU LA PEDAGOGIE AU MONDE DES AFFAIRES

C'est pour répondre à certains aspects de cette insatisfaction que Skinner a mis au point les enseignements programmés et les machines à enseigner. Dans son principe, la méthode vise à présenter individuellement une matière très progressivement découpée, de manière à susciter de nombreuses réponses de l'élève, réponses aussitôt sanctionnées par une information en retour et éventuellement un autre renforcement. Idéalement l'élève parcourra le programme sans commettre d'erreur, au rythme qui lui convient. Le recours à un dispositif plus ou moins élaboré, à une machine à enseigner, est un expédient commode pour présenter la matière, judicieusement découpée, à un sujet à la fois — mais à autant de sujets simultanément que l'on dispose de machines — tout en garantissant à chaque pas l'enregistrement de la réponse et la présentation du renforcement. La machine n'est qu'un auxiliaire, le fondement de la méthode demeurant d'ordre psychologique, non mécanique ou électronique.

L'enseignement programmé a connu des développements rapides qui ont largement dépassé les expériences encore artisanales faites sur les étudiants de psychologie à Harvard. Il a eu ses spécialistes, qui ont expérimenté et débattu sur des formules diverses, cherchant par exemple à préciser les mérites respectifs des programmes linéaires sans erreurs (prônés par Skinner) et des programmes avec erreurs et embranchements ou boucles de rattrapages (proposés par Crowder). Il a eu ses praticiens mal introduits aux problèmes de psychologie de l'apprentissage: c'est ainsi que des procédures à choix multiples négligèrent la composition de la réponse à laquelle Skinner, en psychologue de l'apprentissage, attachait une importance capitale. Mais surtout, il prit naissance et grandit parallèlement à l'explosion des technologies électroniques. Ce fut à la fois sa bonne et sa mauvaise fortune. L'idée de rechercher des applications didactiques de l'ordinateur et de la télévision aurait probablement fait son chemin même si Skinner n'avait jamais parlé d'enseignement programmé. Mais les spécialistes de l'ordinateur tirèrent certainement parti des travaux psychologiques qui leur avaient préparé le terrain, et paraissaient leur fournir une caution. Ainsi, ils contribuèrent beaucoup à populariser les machines à enseigner. Leurs réalisations actuelles vont bien au-delà des bricolages de Skinner, qui ne songerait ni à en revendiquer ni à en accepter la paternité. En leur principe, elles n'auraient sans doute pas de quoi inquiéter l'inventeur de la cage de conditionnement operant: ne fut-il pas l'un des premiers à introduire dans le laboratoire de psychologie des techniques d'automatisation tout à fait révolutionnaires, pour l'époque, dans un tel lieu?

Mais l'essor des ordinateurs fut aussi pour l'enseignement programmé une malencontreuse coïncidence. Le consommateur — enseignant, élève, responsable des institutions éducatives — est traditionnellement plus enclin à faire confiance aux technologies de l'ingénieur qu'à celles du psychologue, et l'industrie qui fabrique des machines dispose de moyens de persuasion infiniment plus efficaces pour placer ses produits que le chercheur en sciences humaines. On oublia le comportement, on ne pensa plus qu'aux machines. Les spécialistes prioritairement concernés, psychologues et pédagogues, experts dans l'apprentissage, cédèrent la place aux mécaniciens, électroniciens, informaticiens. Cette déviation alimenta les objections à l'enseignement programmé. Comme il advient souvent lorsqu'une idée, parfois très lente à percer, connaît un succès subit, et lorsque, de plus, beaucoup de gens y voient une occasion de profit, la quantité l'a rapidement emporté sur la qualité; la conquête d'un marché a pris le pas sur la vérification de la marchandise.

Dès 1963, Skinner, dans ses *Réflexions sur une décennie de machines à enseigner,* s'alarmait de voir un domaine si important de la recherche appliquée échapper aux scientifiques sérieux:

> «Il existe un besoin extraordinaire de faire plus et mieux dans l'enseignement, et toute entreprise qui répond à ce besoin n'aura aucune chance de se développer normalement. La demande d'information sur les machines à enseigner a été excessive. Articles, livres, conférences et cours se sont accumulés; symposiums, colloques et séminaires ont été organisés un peu partout. Ceux

qui avaient quelque chose à dire l'ont dit beaucoup trop souvent, et ceux qui n'avaient rien à dire n'ont guère été plus réticents. L'éducation est du *big business*. On ne tarda pas à proclamer que les machines à enseigner étaient une industrie d'avenir et l'on propagea des prédictions fantastiques sur la vente des manuels programmés. On se mit à vendre sous le nom de machines à enseigner des dispositifs mal construits et conçus sans aucune compréhension de leur fonction et des exigences pratiques de leur utilisation. Nul auteur ne fut mieux accueilli par les éditeurs que l'auteur d'un manuel programmé. La plupart des programmes à employer avec l'aide d'une machine ou seulement sous forme imprimée, furent mis sur le marché sans validation adéquate. »[3]

LOGIQUE DE LA MATIERE,
LOGIQUE DE L'ELEVE, SORT DU MAITRE

Une partie des réactions contre l'enseignement programmé s'adresse en réalité aux résultats de cet état de chose, non aux vues de Skinner. Ainsi a-t-on reproché aux auteurs de programmes de suivre une *logique de la matière,* au mépris de la *logique de l'élève.* Or, rien n'est plus étranger à la démarche de Skinner que l'idée de construire un programme sur base de la seule analyse de la matière à enseigner, sans référence *expérimentale* au sujet qui doit l'apprendre. Certes, une première condition pour faire un bon programme est de bien connaître la matière qu'il vise à enseigner, et d'y bien percevoir les enchaînements de notions qui ne peuvent être laissés au hasard. Mais en dernier ressort, c'est l'élève qui dictera au programmeur à travers des mises à l'essai successives, les corrections, les raffinements, les compléments d'information à apporter.

Les enseignants, souvent mal payés et parfois menacés

dans leur emploi, ont objecté à une technique qui prétend se substituer au maître, mais qui, dans les formes qu'une certaine industrie tente d'en faire adopter, coûterait infiniment plus cher sans en remplir toutes les fonctions. Skinner voyait au contraire dans l'enseignement programmé une solution économique — nos connaissances sur les mécanismes de l'apprentissage n'exigeant pas de dispositif très coûteux — pour accomplir de façon plus efficace une partie du travail de l'enseignant. Celui-ci pourrait se consacrer aux aspects de ses fonctions impossibles à assurer par un outil technique.

> « Une technologie de l'enseignement amplifie le rôle du maître comme être humain. Elle fournit un équipement qui lui accorde le temps nécessaire pour exercer ce rôle. Elle le dispense de la nécessité de maintenir un contrôle aversif. Elle lui donne le loisir de s'intéresser vraiment à ses élèves pour les conseiller. »[4]

Il ne s'agit ni de détrôner le maître ni de déshumaniser l'instruction. Mais bien de rendre celle-ci vraiment efficiente, et de fournir à celui-là les moyens d'accomplir vraiment sa tâche avec une satisfaction fondée sur des résultats objectifs. Et ceci, même s'il n'est pas un maître de génie; même s'il n'a pas affaire à des élèves hors du commun.

SUR QUELQUES ILLUSIONS

Skinner, réaliste, ne s'intéresse pas aux élèves et aux enseignants exceptionnels: ils ont toujours et ils pourront toujours se passer de pédagogie explicite. Sa préoccupation va vers les autres, la plus grande masse. Ils méritent

mieux que les illusions de certaines innovations didactiques. Skinner dénonce le mythe de l'école active pour
l'école active:

> « Une classe active est indubitablement renforçante
> pour les élèves comme pour le professeur. Les élèves
> demeurent en éveil et les renforcements positifs et néga-
> tifs prennent une force accrue. Il est cependant possible
> qu'une grande partie de l'activité soit sans rapport aucun
> avec l'enseignement proprement dit. L'intérêt dont té-
> moigne l'élève ne concerne pas nécessairement la matière
> étudiée; le comportement renforcé n'est pas nécessaire-
> ment celui auquel vise la politique éducative. Les multi-
> ples moyens de stimuler une classe sont aussi illusoires,
> — et aussi inutiles — que de chatouiller un bébé. » [5]

Discutant de l'enseignement des sciences à l'école secondaire, il met en garde contre une méthodologie
pseudo-active qui privilégie l'argumentation aux dépens
du contrôle des faits.

> « Il est vrai que les hommes de science discutent par-
> fois des choses entre eux, mais les échanges les plus
> créatifs ont lieu entre les hommes et les choses, plutôt
> qu'entre les hommes et les hommes.
>
> Suggérer aux élèves du secondaire que la science est
> une sorte de débat permanent, c'est risquer de sélection-
> ner les bons polémistes plutôt que les bons scientifi-
> ques. » [6]

Il reconnaît l'utilité des procédés visant à capter l'attention, abondamment exploités par l'audio-visuel, mais
rappelle qu'ils ne sont jamais que des moyens. Les
conduites qu'ils favorisent ou provoquent constituent des
préalables aux comportements à enseigner, non des subs-

tituts. Leur attrait a de quoi satisfaire sur l'heure aussi bien l'élève qui y est exposé que l'enseignant magicien qui en use, de quoi faire oublier les véritables objectifs de l'enseignement. Paradoxalement, au lieu de servir à l'enrichissement de l'instruction, ils contribuent à l'infantiliser. Ils permettent d'éluder une véritable didactique des comportements qui ne sont pas inscrits d'avance chez l'élève, mais dérivent d'une histoire culturelle et complexe.

> « Un élève qui ne fait pas attention n'apprend pas, c'est évident; l'enseignant sera donc renforcé lorsqu'il agit de manière à attirer l'attention. Les procédés audio-visuels, les textes illustrés de photos et de graphiques en couleur, les dessins animés, les démonstrations pleines de surprises sont souvent employés pour cette raison. Les spécialistes de la publicité et des arts du spectacle se trouvent devant le même genre de problème et le résolvent de la même manière. Mais *attirer* l'attention, c'est priver l'élève de la chance d'apprendre à *porter* attention. Ce qui importe pour l'élève, c'est de découvrir que des choses intéressantes surviennent alors qu'il fait attention à quelque chose qui, à première vue, n'est pas intéressante du tout. Nous ne voulons pas que les élèves ne lisent des livres que s'ils sont imprimés en quatre couleurs, ou ne regardent des films et des démonstrations qu'à la condition qu'il s'y passe toujours quelque chose d'étonnant. Nous voulons que les élèves lisent des pages noir sur blanc parce qu'ils y trouvent des choses intéressantes, qu'ils regardent des films et des démonstrations ni plus ni moins attrayantes que la nature elle-même, jusqu'à ce qu'une observation minutieuse leur en dévoile la fascination … Faraday s'intéressa à l'électricité en lisant un article dans l'encyclopédie, et il n'avait pas pour titre ''L'Electricité pour les jeunes Anglais''.

> Je ne veux pas dire que l'élève ne devrait pas être inté-

ressé par ce qu'il fait, ni que les aspects attrayants d'un sujet ne méritent pas d'être mis en évidence, mais en s'appuyant trop sur les attraits de la science, nous donnons à l'élève une fausse impression sur ce qu'il rencontrera s'il pousse plus loin son étude. Rien d'étonnant à ce qu'il abandonne lorsqu'il découvre qu'il n'en va pas ainsi dans la réalité. »[7]

Bien des efforts pédagogiques modernes se satisfont d'une amélioration du climat scolaire actuel: ils continuent d'éluder ainsi le problème de la définition des objectifs. Une classe heureuse vaut mieux, sans doute, qu'une classe qui s'ennuie, mais elle ne suffit pas à justifier l'institution éducative. A moins d'accepter de la concevoir comme le lieu de passe-temps — ou de prise en charge — de la population entre 2 et 18 (ou 25) ans, il faut bien assigner à l'école des fins qui la dépassent. Le critère décisif de la qualité d'un enseignement n'est pas dans ce que l'élève fait pendant qu'il le subit, mais dans ce qu'il fait après. C'est cela qu'il importe de spécifier, et c'est par rapport à cela qu'il convient d'évaluer un système éducatif. Il est extraordinaire de constater que plus se sont développées les institutions éducatives, et moins clairement elles ont répondu à cette question capitale: généralement, elles ont choisi de s'en tenir à des discours vagues, se dispensant ainsi à la fois de faire la preuve de leur succès et de dévoiler les rapports réels qui les relient au pouvoir et qui sont souvent fort étrangers à leur mission avouée. La tension est manifeste au sein des sciences de l'éducation contemporaines, entre le souci de définir des objectifs évaluables et les philosophies pédagogiques qui, sous les apparences les plus progressistes et les plus libératrices, ne visent à rien d'autre, ou ne débouchent sur rien d'autre que la perpétuation de l'état de chose existant. Des auteurs peu suspects d'idéologie réactionnaire comme Snyders ont montré finement comment les pédagogies non directives recouvrent une stratégie subtile destinée à maintenir dans les institutions éducatives des rapports de classe propres à la société.[8]

Définir les objectifs en termes de conduite est une exigence sine qua non d'une pédagogie scientifique. Laquelle, en effet, n'a de sens que si elle se préoccupe, primordialement, de vérifier ses propositions, de démontrer par exemple la supériorité d'une méthode didactique, l'efficacité d'un curriculum d'enseignement, les déterminants d'un échec, et elle ne peut le faire que par référence à des comportements précis, non à des valeurs générales ou des notions théoriques — culture, force de caractère, inventivité, esprit civique, etc. Le simple bon sens rejoint ici la position scientifique, mais leur convergence n'a pas suffi à imposer leurs vues : l'éducation demeure le terrain privilégié du discours invérifiable sous le prétexte facile qu'elle est affaire d'art plus que de science. Qu'on le veuille ou non, les sciences de l'éducation ne peuvent être sciences que si elles se situent dans une perspective behavioriste.

LE MAL REMONTE A GUTENBERG

Skinner a souvent comparé l'avènement de l'enseignement programmé à celui des manuels imprimés. Qui prétendrait aujourd'hui que les bons ouvrages didactiques mettent en péril la fonction du maître et déshumanisent l'école ? Combien de maîtres pourraient s'en passer ? L'enseignement programmé présente des avantages analogues, mais encore amplifiés, et quelques avantages supplémentaires. Comme le manuel, il met à la disposition d'une audience illimitée la compétence des meilleurs spécialistes — à la fois dans la branche exposée et dans la manière de l'exposer — (sauf à l'imposer par décret administratif, un mauvais manuel ne sera jamais utilisé longtemps, non plus qu'un mauvais programme). Il serait ridicule, alors que nous en avons les moyens, d'empêcher les meilleurs maîtres d'atteindre un public très large : qui se plaindra d'apprendre la chimie dans un manuel signé Linus Pauling ? L'enseignement programmé ne diffère pas, en cela, du livre. On admet d'ailleurs aujourd'hui que le recours aux documents préparés par d'autres n'est plus, pour l'enseignant, une affaire de choix. Chaque discipline s'est à ce point diversifiée et sous-spécialisée que le meilleur professeur de chimie doit s'en remettre aux lumières d'un collègue pour instruire ses classes sur les problèmes qui dépassent sa spécialisation personnelle.

Le cours programmé présente cependant une supériorité sur le manuel : s'il a été mis au point correctement, sa valeur didactique n'est pas seulement intuitivement appréciée, elle est assurée, elle a été expérimentalement confirmée. Et elle l'a été non pas par le jugement des enseignants, ni par l'opinion des lecteurs, mais par les *comportements* des utilisateurs qui ont servi à la mise au point.

QUI NIVELLE LES CERVEAUX ?

Du côté de l'élève, l'enseignement programmé, et derrière lui la conception skinnérienne de l'éducation, se voient souvent accusés de nivellement et de robotisation. Les élèves seront tous pareils et ils ne réfléchiront plus.

Partant, ils ne seront plus créatifs. Il y a là un malentendu de plus. Le reproche de nivellement des élèves vient aussi bien des partisans de l'enseignement traditionnel que des défenseurs des pédagogies nouvelles non-directives. Or, les uns et les autres partagent probablement la responsabilité du nivellement devenu aujourd'hui une réalité plutôt qu'une menace. Si, sur ce point, ils dénoncent Skinner avec tant d'empressement, c'est qu'il les renvoie dos à dos. L'approche skinnérienne, et la technique particulière de l'enseignement programmé individualisent au maximum l'enseignement. Chacun travaille à son rythme et aménage son temps et son programme de travail à sa mesure, ce qu'aucun élève de l'institution scolaire actuelle n'est libre de faire, enfermé qu'il est dans le cadre de la classe et le carcan des examens. Notons au passage que l'exploitation de l'enseignement programmé telle que l'envisageait Skinner élimine une grande partie des examens, devenus sans objet. En effet, ceux-ci ne sont le plus souvent que des procédés visant à vérifier que l'élève a effectivement été en contact avec une information, qu'il est capable de restituer et d'exploiter. Les réponses et solutions qu'il fournit au cours de l'examen, il les produit tout au long de l'apprentissage programmé, et il est possible de les enregistrer pour le vérifier. Un examen n'ajoutera rien à ce dont nous voulons être sûrs. On n'a pas suffisamment mesuré le progrès extraordinaire qu'eût pu faire l'enseignement supérieur, par exemple, si l'on avait, depuis un quart de siècle, entrepris d'y propager l'enseignement programmé pour toutes les acquisitions factuelles et notionnelles de base dans toutes les disciplines. C'eût été la fin des amphithéâtres surchargés, du temps perdu en examens stériles, au profit des travaux pratiques, des enseignements de séminaire supposant les informations de base acquises. C'eût été aussi la facilitation de l'insertion dans l'université de cette population d'étudiants exerçant un métier, mais que la rigidité de l'horaire et du calendrier exclut généralement, et qui s'affirme pourtant peu à peu comme la plus intéressante — parce que la plus authentiquement intéressée.

La perspective adoptée par Skinner est, plus que toute autre peut-être, explicitement soucieuse de l'individualisation de l'instruction, de l'adaptation de l'enseignement aux particularités de chacun. Et l'on peut se demander si la résistance qu'on lui a opposée sur ce point, la méprise que l'on a entretenue ne viennent pas précisément de ce qu'il suggérait des solutions réalisables à un problème que l'on préfère, au fond, ne pas résoudre. La recherche d'un système réellement flexible et réellement favorable à la diversification des individus et à la réalisation des dons de chacun n'est pas neuve. On la trouvait déjà, entre autres, dans le projet Wallon-Langevin, appuyée par des propositions qui portent plus sur les structures du système scolaire que sur les méthodes. On sait quel en fut le destin.

Mais laissons Skinner lui-même répondre à ceux qui le font passer pour un partisan du nivellement et de l'enrégimentation :

> « Une politique qui vise à la vigueur de la culture doit encourager la nouveauté et la diversité. Certes, beaucoup de cultures, comme beaucoup d'espèces animales, ont survécu pendant très longtemps sans changements appréciables, mais les cultures, comme les espèces, gagnent en vigueur et en puissance d'adaptation lorsqu'elles sont soumises à des mutations et à des sélections. Nous avons vu que ceux qui encouragent les élèves à chercher, à découvrir par eux-mêmes, à faire preuve d'originalité, ac-

croissent les chances de «mutations» qui contribuent à l'évolution culturelle. Bien que certaines mutations soient inutiles, voire nuisibles, la diversité est essentielle. Le même principe vaut pour la politique éducative. Une vaste gamme de buts, dérivant d'une vaste gamme de conditions, voilà qui doit déterminer ce qu'il convient d'enseigner et qui constitue la meilleure garantie de diversité parmi les élèves. La diversité n'est guère à l'honneur dans la politique actuelle. Les programmes rigides imposés à l'enseignement par les gouvernements, les parents, les employeurs, et d'autres instances responsables, semblent au contraire conduire au nivellement et à l'enrégimentation. Nous ne nous en soucions guère aussi longtemps que nous n'avons pas, pour l'enseignement, d'autres exigences. Mais un enseignement sans efficacité ne peut être qu'une solution temporaire, comme ne peuvent être que temporaires les sources accidentelles de diversité qui le compensent.» [9]

Après avoir discuté les divers aspects des différences individuelles, Skinner poursuit:

«L'inefficacité de notre système d'éducation provient en premier lieu de notre échec à trouver une solution au problème des différences individuelles. Malgré quelques expériences héroïques d'écoles sans classes, l'usage courant consiste à faire progresser au même rythme de vastes groupes d'élèves, soumis exactement aux mêmes matières, et atteignant les mêmes critères de promotion d'un degré à l'autre. La vitesse est adaptée à l'élève moyen ou médiocre. Ceux qui pourraient avancer plus vite perdent tout intérêt et perdent leur temps; ceux qui devraient avancer plus lentement restent en arrière et perdent aussi l'intérêt. (On a proposé récemment que les enfants trop lents n'aillent pas à l'école du tout, pour leur éviter les difficultés affectives associées à l'échec.) Les conséquences désastreuses de ce système de nivellement ont encore été agravées par l'emploi des moyens d'éducation de masse. La télévision atteint un grand nombre d'élèves, mais l'avantage que cela devrait entraîner est, hélas, annulé par la nécessité d'avancer tous au même pas. Ce n'est pas seulement un problème de différences entre individus : le même sujet n'est pas nécessairement capable de progresser au même rythme dans toutes les branches. Les talents personnels sont à peu près, sinon totalement ignorés, en dépit de multiples exemples d'hommes illustres dont la vie fut très loin de s'aligner sur la moyenne.

Ces problèmes, assurément, sont gigantesques; ils ne sont pas insolubles. »

« En suppléant aux carences du milieu et en assurant l'efficacité des méthodes employées, une technologie de l'enseignement résoudra la plupart des problèmes que soulèvent les différences individuelles. Elle ne coulera nullement tous les élèves dans un même moule. Au contraire, elle révélera et favorisera les différences innées originales. Si elle s'appuie sur une sage politique, elle aménagera le milieu de manière à engendrer la diversité la plus prometteuse. » [10]

PENSER ET CREER

Quant au reproche d'ignorer la réflexion, l'originalité, la créativité parmi les buts de l'éducation, il apparaît non mieux fondé pour peu que l'on parcourt la table des matières de la *Révolution scientifique de l'Enseignement*. Un chapitre entier porte pour titre « Apprendre à penser » et un autre « La Créativité ». Ils prolongent, dans le domaine didactique, les réflexions théoriques de Skinner que nous avons résumées dans les deux chapitres précédents. Il n'y faut pas chercher le fruit d'une psychologie élaborée de l'intelligence, à laquelle Skinner ne s'est pas consacré. Mais on y trouve, d'une part, la preuve d'une préoccupation sérieuse du behavioriste pour l'enseignement des niveaux les plus complexes des conduites intellectuelles, d'autre part des indications sur ce que devrait être cet enseignement. Il n'est pas moins que celui des connaissances factuelles subordonné à une définition des objectifs en termes de comportement. Comment savoir si l'on a réussi à enseigner à penser, à réfléchir, à résoudre des problèmes nouveaux si l'on refuse de voir dans la pensée, la réflexion, la solution de problème autre chose que de mystérieuses secrétions du sujet intelligent?

Ni Skinner, ni les nombreux spécialistes de l'intelligence n'ont, à l'heure qu'il est, fourni une description et une explication décisive des mécanismes de la pensée. Skinner ne propose aucune solution simplificatrice, au contraire:

> « Le comportement du sujet qui pense est sans doute le phénomène le plus subtil et le plus complexe qui ait jamais été soumis à l'analyse scientifique. » [11]

Mais il refuse de livrer au hasard et aux incertitudes d'un mentalisme confortable la tâche la plus importante peut-être de l'école.

L'importance de l'originalité et de la créativité, comme condition de l'adaptation biologique et culturelle, trouve naturellement écho au niveau éducatif. Certes, on pourrait, devant l'ampleur du mystère, se borner à laisser éclore au gré de l'histoire les talents et les génies, sans se soucier d'intervenir pour les révéler ou les provoquer. Mais si l'on fait à l'école un devoir d'enseigner la créativité — et on ne manque pas de la faire — alors il faut nécessairement accepter d'en rechercher les caractéristiques distinctives, les mécanismes et les conditions d'apparition.

Il est d'autre part d'autant plus impérieux d'aborder explicitement la didactique de l'originalité que nos institutions éducatives ont largement contribué, en imposant des programmes et des examens identiques pour tous, à produire des élèves qui se ressemblent. C'est le dynamisme culturel dans son essence, fait d'un équilibre encore mal connu entre stabilité et transformation, qui se trouve en péril lorsque l'éducation répète sans innover. Pour garantir la variabilité indispensable à la créativité culturelle, Skinner propose de la cultiver délibérément. Mais pour cela il faut en rechercher les causes, donc renoncer à une mystique de la créativité. Les textes suivants résument clairement sa position, et indiquent, au passage, que sa conception de l'individu ne diffère pas de celle qu'adoptent aujourd'hui la plupart des biologistes.

> « Nous ne gagnons rien à affirmer qu'un élève agit de façon créatrice parce qu'il est doué de créativité. Tout au plus pouvons-nous mesurer le trait, comparer les individus et tester la présence de traits associés, mais nous ne changeons pas la créativité elle-même, ainsi conçue. Ceux qui adoptent cette perspective en sont réduits à sélectionner plutôt que d'enseigner — à rechercher les talents afin de donner une chance aux élèves créatifs de s'épanouir. Mais si nous voulons imaginer des moyens de susciter des comportements qui témoignent de la créativité il nous faut chercher leur origine dans les variables objectives et manipulables. [12]

> Il n'y a rien pourtant dans une conception déterministe qui s'oppose au caractère unique de l'individu. Tout être humain est le produit d'un équipement génétique et d'une histoire environnementale qui lui sont strictement per-

sonnels. On pourrait concevoir une éducation qui ajoute-
rait une histoire environnementale commune à tous et
rendrait les élèves beaucoup plus semblables les uns aux
autres qu'ils ne le sont au départ. Mais une telle conception de l'éducation n'est nullement inévitable. Nous verrons que ce qu'on appelle la liberté et l'originalité peut
être respecté.

Le parti pris déterministe est utile, parce qu'il pousse à
rechercher les causes. L'homme qui croit que le volume
d'un gaz varie de façon capricieuse ne cherchera pas les
causes de chaque changement observé et il y a peu de
chances pour qu'il découvre les lois qui régissent le volume des gaz. Il n'y en a pas plus pour qu'il apprenne
comment le modifier. Le professeur qui croit que l'élève
crée une œuvre d'art en exerçant quelque mystérieuse et
capricieuse faculté intérieure ne cherchera pas les conditions dans lesquelles surgit la création. Il ne sera capable
ni de l'expliquer, ni de la provoquer.

Une culture doit avoir une certaine stabilité, mais elle
doit aussi se transformer si elle veut survivre. Les ''mutations'' qui rendent compte de son évolution sont les
nouveautés, les innovations, les particularités inédites qui
émergent du comportement des individus. Toutes ne sont
pas utiles. En fait, beaucoup d'entre elles, telles les su-
perstitions et les névroses, sont néfastes. Mais certaines
se révèlent précieuses et sont retenues par la culture.
Précieuses ou néfastes, les innovations font partie du
processus de sélection. Nous pouvons donc accepter le
principe général cher aux défenseurs de la liberté et de la
créativité selon lequel tout ce qui encourage l'expression
individuelle est fécond, dans la mesure où l'on tient sous
contrôle les variations nettement dangereuses ou néfastes. » [13]

MODIFICATION DU COMPORTEMENT
ET THERAPIE COMPORTEMENTALE

L'enseignant ne se trouve pas seulement aux prises avec des problèmes de transmission des connaissances, de savoir-faire ou d'installation de comportements de réflexion et de recherche créative. Il est l'animateur désigné d'un petit groupe social, au sein duquel surgissent des difficultés de tous genres qu'il lui appartient de résoudre, non seulement parce qu'elles entravent l'étude mais parce que l'on considère, à juste titre, qu'elles relèvent de son intervention éducative. Il lui incombe aussi d'éduquer ses élèves à la coopération, à la prise de décision démocratique, à la reconnaissance du point de vue d'autrui, à la prise en charge des condisciples handicapés, à la réduction de la violence, etc. Un vaste mouvement d'application s'est développé depuis une vingtaine d'années, au départ de l'analyse expérimentale du comportement et des conceptions théoriques de Skinner, et qui englobe aujourd'hui, sous le nom de *Modification du comportement, — behavior modification —* une part importante d'un autre domaine d'application connu sous le nom de *thérapie comportementale — Behavior therapy.*

Celle-ci plonge ses racines à la fois dans la tradition pavlovienne et les psychologies de l'apprentissage américaines — et plus spécialement dans le courant skinnérien.

A quelques travaux de pionniers demeurés longtemps sans grand écho dans la pratique clinique, — des recherches de Pavlov dans le domaine psychopathologique à l'essai de Dollard et Miller d'analyse des troubles de la personnalité en termes de psychologie de l'apprentissage, de la réduction d'une phobie infantile par Watson aux traitements de l'énurésie par Mowrer — a succédé un véritable mouvement qui s'est très rapidement répandu dans les pays anglo-saxons, puis dans les pays germaniques européens. Il n'a cependant pénétré que très lentement dans les pays de langue française.

SKINNER, PROPHETE DE L'ORDRE

En France particulièrement, il rencontre une résistance radicale. Les traitements d'inspiration behavioriste passent pour l'une des armes les plus dangereuses de la psychiatrie oppressive. Les quelques praticiens qui les appliquent, les rares chercheurs qui les étudient encourent inévitablement la suspicion. L'une des rares présentations de la thérapie comportementale au public français l'associe aux procédés psychochirurgicaux et chimiothérapiques sous le titre — chargé de mise en accusation politico-morale —: *Guérir pour normaliser.* [14] L'information y est sélectivement fondée sur des exemples scientifiquement sans valeur, ou naïfs, ou déontologiquement discutables, qui n'illustrent d'aucune manière la problématique des praticiens et théoriciens du mouvement (ni d'ailleurs leur diversité). Le commentaire élude toute discussion sur les fondements théoriques et méthodologiques, sur la validité thérapeutique, ou sur les mérites comparés des différentes formes de traitement: il se borne à souligner les menaces de ce genre de pratique, qui ne seraient que le prélude à l'enrégimentation et l'asservissement général de l'humanité toute entière. Un chroniqueur de la grande presse hebdomadaire trouve le réquisitoire trop indulgent. Mettant en tête de son compte rendu la photo de Skinner — non celle d'un grand neurochirurgien, ni celle d'un grand pharmacologue — il regrette que la revue *Autrement* ait confondu dans une même critique psychochirurgie, psychopharmacologie et thérapie comportementale, et n'ait pas suscité plus d'horreur pour la dernière que pour les premières dans l'esprit des lecteurs. Il reproche de n'avoir pas distingué usage occasionnellement immoral d'une méthode d'intervention en soi défendable et recours à une méthode qui en son principe et ses intentions est condamnable.

> «Dans la thérapie comportementale, ce n'est plus, comme dans le cas des drogues psychotropes, et à la limite, de la psychochirurgie, une idéologie et une pratique qui dénaturent un instrument en soi utile et défendable. Ici ce sont les intentions qui sont politiquement dangereuses. Grâce aux médicaments, on peut éventuellement servir l'ordre existant. C'est ouvertement, délibérément, que les thérapies comportementales se proposent de le faire».

> Et l'article se termine par ce cri de guerre :

> «On peut se méfier d'une psychopharmacologie triomphante, on peut redouter une psychochirurgie qui sortirait de ses limites; on ne peut que se battre contre une théorie et une pratique qui, à partir du behaviorisme anodin, risquent de réglementer demain toute notre vie et dont le but avoué est celui-là.»[15]

Les membres de la société française de Behavior Therapy n'ont qu'à bien se tenir!

Ici non plus, pas un mot sur les raisons qui pourraient éclairer l'origine de ces méthodes, pas un mot sur leur contexte théorique, pas un mot sur leur efficacité. A quoi bon, d'ailleurs, puisqu'elles sont *en leur principe* pernicieuses, qu'elles ne visent pas à soulager quelques malades en détresse, mais à se servir d'eux comme d'une tête de pont pour conquérir toute la société.

DU BEHAVIORISME A L'ANTIPSYCHIATRIE

Il nous faut distinguer d'abord entre les divers et nombreux développements actuels de la thérapie comportementale et la position de Skinner, qui, seule, nous occupe ici. Les premiers exigeraient un long exposé critique, qui couvrirait à lui seul plus d'un livre. Il y faudrait démêler des recherches et des pratiques rigoureuses, nuancées, progressant par mises en question, les fruits inévitables de l'engouement, — exploitation commerciale, simplifications hâtives, proclamations de victoires imaginaires. Il n'y a là rien que de banal dans les applications des sciences humaines. On n'expédie pas la psychanalyse en brandissant les derniers calembours de Lacan; on ne tranche pas de la méthode des tests en la jugeant aux questionnaires psychologiques des hebdomadaires à grand tirage. Il faudrait aussi, indépendamment d'une analyse des travaux scientifiques desquels elle découle, montrer que l'accueil fait aux thérapies comportementales s'explique, entre autres, par l'insatisfaction croissante du public, et de nombre de praticiens, vis-à-vis des psychothérapies habituelles, souvent longues, coûteuses, limitées à des catégories restreintes de patients, difficiles à évaluer faute de critères objectifs.

Il faudrait y expliciter les caractères essentiels de la méthode et de la théorie qui la sous-tend. Elle ne propose pas, à vrai dire, un nouveau système des maladies mentales, mais seulement une nouvelle approche des troubles. Elle refuse de les enfermer dans les étiquettes des classifications, comme de les interpréter en termes de mécanismes propres à un appareil psychique dont les propriétés et les dimensions sont invérifiables. Récusant la dissociation entre trouble de l'appareil psychique et symptômes, elle prône une approche fonctionnelle, consistant à caractériser les comportements et à identifier les variables qui les contrôlent, et susceptibles d'être modifiées par l'intervention thérapeutique. Elle ne s'oppose, naturellement, ni à l'hypothèse des déterminants génétiques de certains troubles, ni à la recherche d'anomalies neurochimiques, mais souligne que ces facteurs n'éliminent nullement les variables de milieu, ils leur assignent seulement les limites à l'intérieur desquelles elles pourront jouer.

Il faudrait aussi y montrer que, tenant en suspens le problème d'une classification objectivement fondée des maladies psychiques, et mettant l'accent sur l'analyse fonctionnelle des interactions du sujet avec l'environnement, l'approche comportementale est incompatible avec une définition catégorique du normal et de l'anormal; et qu'elle rejoint, à cet égard, en certaines de leurs propositions, les courants de l'antipsychiatrie. Montrer aussi que dans la mesure où seront identifiés les facteurs environnementaux responsables de la genèse et de l'entretien des troubles mentaux, — et quels que soient par ailleurs les déterminants organiques, génétiques ou non — la modification du comportement débouche sur une perspective préventive bien plus que curative.

Il faudrait encore y évoquer les débats déontologiques; se demander si les praticiens de la modification comportementale sont plus ou moins menaçants pour les libertés individuelles que les autres psychothérapeutes; signaler la résistance à des techniques qui explicitent leurs buts et leurs moyens avant de progresser, résistance bien compréhensible si l'on songe que la plupart des méthodes d'intervention psychologique se gardent systématiquement d'une telle mise en lumière de leurs stratégies, et apparaissent par là plus respectueuses de la personne du patient. (Mais, comme l'observait justement Brisset,[16] à propos des chimiothérapies, est-il plus moral de laisser un malade livré à sa dépression pendant six mois, ou de le soulager en quelques semaines grâce à un médicament; et, à propos des thérapies comportementales, d'exposer un exhibitionniste obsessionnel à des récidives judiciaires ou de lui proposer un traitement, fût-il symptomatique, grâce auquel il ne se retrouve pas périodiquement en prison?) Il faudrait passer en revue les pratiques réelles pour apprécier correctement les prétendus abus de pouvoir (les contrats en usage chez la plupart des thérapeutes comportementaux sont plus clairs et mettent moins en danger par conséquent la «liberté» de leur patient que les contrats en usage chez les psychanalystes).

Il faudrait enfin aborder de front les problèmes mal élucidés par les comportementalistes, signaler les lacunes, qui généralement ne sont pas inhérentes à leur approche, mais liées à son histoire: il est clair que tôt ou tard toute analyse fonctionnelle doit s'articuler sur une analyse structurale; que la description de tout état actuel d'un individu doit s'éclairer d'une description développementale; que les conduites symboliques requièrent, de la part des praticiens behavioristes, un examen plus subtil que celui qu'ils en ont fourni jusqu'ici. Une théorie scientifique n'est jamais définitive, a fortiori une pratique qui s'appuie sur elle.[17]

RENDRE A CESAR, MAIS PAS PLUS QUE CE QUI LUI REVIENT

Mais si tout cela doit beaucoup, aux origines, à l'impulsion donnée par Skinner, il serait déraisonnable de lui imputer la paternité de tous les développements de la modification comportementale. Certains d'entre eux sont totalement étrangers à son inspiration, même lointaine, tant par la nature des interventions que par la légèreté scientifique qui y préside. C'est le cas de la plupart des applications du bio-feedback, probablement aussi étrangères à Skinner que l'orgasteron de Reich l'était à Freud. D'autres, bien que dans la ligne de sa recherche et de sa réflexion, ont attendu tel ou tel de ses successeurs pour voir le jour. D'autres encore attestent une intégration des données acquises dans une autre sous-discipline de la psychologie (les apprentissages par imitation exploités par Bandura, par exemple, ont été largement étudiés par les psychologues sociaux). Skinner, rappelons-le, ne fut jamais un praticien, et ses quelques écrits sur les questions de psychopathologie sont, à cet égard, d'un homme extérieur aux problèmes.

A l'accusation qui lui est faite de viser ouvertement à servir l'ordre existant, et qui condamne d'avance toute application dérivant de ses conceptions, il n'est pas possible de fournir une réponse sans aborder ses idées sur la société, le pouvoir, l'individu. Nous y viendrons dans les deux derniers chapitres. Dans la mesure où la critique la plus courante en France de la théorie comportementale n'est qu'un sous-produit d'une méprise systématiquement entretenue sur la philosophie sociale de Skinner, nous invitons donc le lecteur à un peu de patience. Les textes reproduits et commentés dans la dernière partie de cet ouvrage lui permettront de se faire une opinion.

Nous nous en tiendrons ici au cadre plus limité du trouble mental, et esquisserons la position de Skinner à travers les textes, assez peu nombreux d'ailleurs, où il s'est hasardé dans ce domaine.

PSYCHOLOGIE DYNAMIQUE ET ANALYSE EXPERIMENTALE

La psychopathologie est le champ privilégié des théories mentalistes, et il offre comme tel à Skinner une occasion de choix pour formuler à nouveau sa position, et nous en donner les raisons. Comme en psychologie générale, le recours à des interprétations non démontrables de mécanismes mentaux a pour principal désavantage de couper court à la poursuite de la recherche. Il entretient l'illusion que tout est expliqué. Mieux vaut, en sciences, un système explicatif moins ambitieux, qui ne rende pas compte avec autant d'assurance de phénomènes très complexes et peu accessibles, mais ouvre la voie, à long terme, à une élucidation mieux fondée (l'apparente régression des conceptions behavioristes par comparaison aux autres théories psychopathologiques n'a pas lieu d'inquiéter: l'analyse scientifique doit savoir renoncer à certains discours sur son objet, si élaborés et prestigieux soient-ils, pour aller de l'avant).

La difficulté qu'il y a à décrire les événements mentaux ouvre la porte à des terminologies et à des systèmes divers et différents. D'où, pour les partisans de chacun de ces systèmes, la nécessité de les défendre avec une conviction que n'exige pas, normalement, l'argumentation scientifique.

> «Diverses écoles de psychologie introspective ont mis l'accent sur différents aspects de l'expérience du sujet, et le vocabulaire de l'une peut être inintelligible pour l'autre. Il en va de même pour les diverses théories dynamiques de la vie mentale. Celui qui expose un "système" témoignera d'une conviction extraordinaire dans l'usage des termes et la défense d'un ensemble d'entités explicatives, mais il est généralement assez facile de trouver

quelqu'un d'autre qui témoigne d'une égale conviction et défend un système différent, voire incompatible. Exactement comme la psychologie introspective estimait jadis commode d'entraîner des observateurs à l'emploi de certains termes pour décrire des événements mentaux, ainsi l'éducation des psychothérapeutes (...) n'est pas toujours exempte d'un certain élément d'*endoctrination*. C'est le seul moyen d'assurer que les processus mentaux seront décrits de la même manière par plusieurs personnes. » [18]

Ce constat — car est-ce autre chose qu'un constat — n'entraîne nullement Skinner à tenir pour rien les efforts des psychologies dynamiques ni les démarches de la clinique psychopathologique. Moins encore songe-t-il à transposer à l'univers incroyablement complexe de la maladie mentale les résultats, encore fort limités, de la recherche en laboratoire. Il ne s'agit pas de fournir une pseudo-explication réductionniste, mais seulement de proposer une formulation des problèmes, une marche à suivre dans leur analyse, qui permettent de dépasser le piétinement actuel, auquel nous habitue la complaisance à un certain type de discours.

« L'étude du comportement humain est évidemment encore dans la première enfance, et il serait téméraire d'imaginer que quiconque puisse prévoir la structure d'une science élaborée et efficace. Il est certain qu'aucune formulation actuelle n'apparaîtra correcte d'ici cinquante ans ... Je parle comme représentant d'une science expérimentale. Une conception du comportement humain basée essentiellement sur l'information et la pratique clinique sera assurément différente d'une conception émanant du laboratoire. Ceci ne veut pas dire que l'une soit supérieure à l'autre, ni qu'une formulation commune ne se révèle, en fin de compte, utile aux deux.

... A mesure que la psychiatrie progressera dans la recherche expérimentale et que les résultats du laboratoire prendront plus de signification clinique, certains problèmes dans l'analyse du comportement devraient devenir communs aux chercheurs et aux thérapeutes, et recevoir, finalement, des solutions communes et coopératives. [19]

La distinction entre le point de vue psychologique (entendez fondé sur la psychologie expérimentale, N.d.T.) et le point de vue psychodynamique n'est pas fondamentalement une distinction quant à la matière étudiée, ni quant à l'étendue des facteurs analysés. C'est essentiellement une distinction de méthode, et il est possible que ces domaines fusionnent finalement ou, du moins, deviennent étroitement associés. » [20]

La psychologie a une contribution spécifique à faire à l'étude des troubles mentaux, de leur origine, de leur traitement. Ses méthodes propres la destinent à observer les relations entre l'organisme et l'environnement. S'agissant de pathologie des conduites, elle cherchera d'abord à repérer les particularités de ces relations, qui éclaireraient le genèse et la persistance des troubles tout en demeurant dans le cadre de lois générales qui expliquent aussi bien le comportement normal que pathologique. Quoi qu'il fasse, lorsqu'il cherche à caractériser le trouble, ou lorsqu'il cherche à le modifier, le psychologue n'observe rien d'autre que des conduites, et ne manipule rien d'autre que des variables d'environnement (ceci est vrai du psychothérapeute freudien, rogerien ou skinnérien, les différences tenant à la nature des changements environnementaux opérés, à la nature des conduites privilégiées, et à l'interprétation fournie de ce qui se passe).

Caractériser la contribution de la psychologie ne signifie pas que l'on prétende épuiser par elle l'étude des troubles mentaux. « Qu'il existe des facteurs étiologiques situés au-delà de ce domaine ne fait aucun doute », souligne clairement Skinner, qui évoque les recherches génétiques, organiques, pharmacologiques, tout en insistant sur l'importance, pour le progrès même de ces orientations, d'une description psychologique aussi rigoureuse et complète que possible, qui « fournisse en quelque sorte, une ligne de référence par rapport à laquelle l'effet des variables génétiques, organiques, etc. puisse être observé ».

L'approche de Skinner aux troubles mentaux ne se ramène donc ni à un psychologisme, ni à un environnementalisme naïfs : il y a place pour les hypothèses génétiques, organiques, typologiques. Il y a place aussi, d'ailleurs, dans l'analyse du trouble et de la recherche des causes, pour la dimension historique : des variables quelconques peuvent changer un organisme d'une manière qui n'apparaîtra dans son comportement que longtemps après. L'affirmation, faite par certains spécialistes de la thérapie comportementale, de l'a-historicité caractéristique de leur approche — seul compte le comportement actuel et les circonstances actuelles qui le contrôlent — n'est pas seulement contraire à l'évidence clinique, mais à tout ce qu'enseigne l'expérimentation en laboratoire. Elle n'a d'autre part aucun fondement dans les travaux de Skinner.

PSYCHOTHERAPIES ET CONTROLES SOCIAUX

Les quelques pages qu'il a consacrées à la psychothérapie ne constituent pas une discussion critique approfondie des diverses méthodes employées, ni des théories auxquelles elles se réfèrent. Elle proposent une transcription en termes behavioristes de quelques notions familières aux Freudiens et aux spécialistes de la psychologie dynamique, transcription suggestive, mais qui demeure assez superficielle. Leur intérêt est ailleurs. Tout d'abord, dans l'idée maintes fois reprise que les psychothérapeutes qui prétendent n'exercer aucun contrôle trompent ou se trompent. Qu'ils évitent d'expliciter les contrôles qui interviennent dans leur rapport avec le patient (par exemple par la levée des contrôles aversifs inhibiteurs dans les thérapies non-directives), ou qu'ils attribuent les changements opérés aux seules forces internes du sujet, ils abandonnent en fait ce dernier au contrôle de variables qui lui échappent et qui leur échappent, ou qu'ils ont parfaitement identifiées, voire manipulées, mais que, pour quelque raison, ils préfèrent tenir secrètes. Ici comme dans le domaine éducatif, les interprétations mentalistes servent à éluder l'analyse des variables réellement en jeu, ou à les maintenir à l'œuvre sous le couvert de la pleine autonomie du sujet, réputé source unique de ses propres conduites et de ses propres changements. Cette «inexplicitation» conduit à un paradoxe auquel nous viendrons dans un instant.

Mais auparavant il nous faut souligner une autre idée révélatrice de l'analyse que fait Skinner des psychothérapies.[21] Pour une part importante de leur intervention, elles visent à soulager l'individu des conséquences néfastes, intolérables, voire dangereuses, de contrôles sociaux, politiques, religieux excessifs, le plus souvent punitifs (généralement à travers des mécanismes d'intériorisation). A cet égard, elles jouent un rôle de compensation, de régulation des contrôles négatifs exercés dans la culture par d'autres instances, plus rigoureusement institutionalisées d'ailleurs. Elles sont porteuses, par leur existence même, d'une mise en question de ces contrôles. Elles sont d'une certaine manière inévitablement subversives. Elles peuvent cependant entreprendre la compensation de diverses manières. La même société, donc les mêmes formes de contrôle, engendre le psychothérapeute et le patient, et le risque est grand que le premier ne se donne pour mission l'*adaptation* du second aux normes sociales. La subversion en germe dans toute école de psychothérapie le cède ici entièrement à la conformisation. L'histoire des grandes méthodes d'actions psychologiques montre qu'elles donnent lieu à deux courants divergents, l'un en faveur de la réinsertion de l'individu, l'autre en faveur de sa libération. Que l'un des pôles l'emporte sur l'autre tient moins à la théorie de base qu'au contexte socio-politique dans lequel se situe la pratique.

Mais, et c'est ici qu'est le paradoxe, les écoles de psychothérapie qui s'en remettent aux forces internes du sujet et éludent l'explicitation des contrôles, s'exposent particulièrement à la récupération par les pouvoirs mêmes qui, par leurs abus, les ont rendus nécessaires. Au nom du respect de l'individu, de la foi en son autonomie, elles font le jeu de forces que, tout naturellement, elles devraient démasquer, étant appelées à en corriger les effets. La vraie mission des psychothérapeutes, comme la vraie mission de la médecine, à long terme, est de se rendre inutiles en induisant les changements indispensables pour que ne se produise plus ce qu'ils ont à soigner. Il est dans la logique des écoles mentalistes de psychothérapie d'entretenir ce qu'elles devraient chercher à éliminer, et ainsi de s'entretenir elles-mêmes. Les excès des divers pouvoirs qui sont à l'origine de difficultés individuelles sont l'assise du pouvoir psychothérapeutique, lequel finit par n'être plus qu'un pouvoir comme les autres.

Il est une dernière source d'ambiguïté. Certaines de ces écoles de psychothérapie se présentent comme les championnes d'une attitude altruiste, généreuse, compréhensive, «compatissante», et font de ces qualités de cœur le secret de leur efficacité. Elles s'opposent elles-mêmes, sur ce point, aux méthodes à prétention scientifique, avides de contrôle et dénuées d'humanité. Mais s'en tenir à la charité, et craindre de la dénaturer par une explication scientifique, c'est hélas le meilleur moyen de perpétuer les maux: il faut toujours avoir ses pauvres.

> «Ce dont nous avons besoin, dit Carl Rogers, c'est d'une nouvelle conception de la thérapie, non comme contrôle mais comme offre d'aide.
>
> Mais ce n'est pas une alternative. On peut aider une personne en aménageant un milieu qui exerce un contrôle, et si je ne m'abuse, on ne peut aider sans agir ainsi. Les psychologues dits «humanistes», s'ils ont une action quelconque, contrôlent les gens, mais ils se refusent à analyser leurs pratiques. Un résultat malheureux est qu'ils ne peuvent les enseigner — et vont jusqu'à déclarer qu'il est mauvais de les enseigner. Qui dit *aider* met l'accent sur les intérêts de la personne aidée, et qui dit *contrôler* sur ceux de celui qui contrôle, mais avant de décider que le premier est bon et le second mauvais, il faut nous demander si celui qui contrôle est affecté par le bien qui le concerne, ou par le bien des autres. Il faut nous demander pourquoi les gens aident les autres, pourquoi ils exercent le contrôle comme ils font. La culture du thérapeute devrait l'inciter à agir pour le bien de ceux qu'il aide et le problème de ceux qui se préoccupent de

thérapie est d'engendrer une telle culture, non de trouver des thérapeutes à visage humain. »[22]

Compassion et sympathie sont des sentiments qui accompagnent peut-être tout naturellement certaines formes de relation à autrui, et notamment celles qui caractérisent les interventions psychothérapeutiques ou éducatives réussies. Elles n'en sont sans doute ni la cause ni la condition suffisante. Il arrive aussi qu'elles accompagnent des formes d'action totalement vaines, voire qu'elles déguisent de véritables enfers pavés de bonnes intentions : on connaît l'obstination de certaines personnes et institutions charitables par vocation à prodiguer aux malades mentaux, aux arriérés, aux prisonniers, aux vieillards, aux nourrissons, un bien-être matériel idéal tout en négligeant totalement d'autres dimensions de leur existence. Les bons sentiments ne suffisent pas à engendrer les bonnes actions, ni à les faire durer. Tous ces individus à aider sont dépourvus des moyens de corriger ceux qui les contrôlent en les aidant. Pour garantir ces impuissants du contre-contrôle contre les ignorances, les abus, les déviations de la compassion même, il faut des contingences de renforcement propres à faire de cette compassion le sentiment associé à une action vraiment utile, et non une disposition vite épuisée dans la pratique.[22]

Le personnel d'une institution, et derrière lui la société qui le mandate, se donne souvent bonne conscience en assurant à ses protégés tout ce qu'il faut pour survivre, sans contrepartie. Il simplifie son problème en le réglant par une charité qui n'exige rien en retour : les comportements, eux, peuvent demeurer anormaux, devenir de plus en plus anormaux. Le protégé se trouve ainsi non seulement entretenu mais enfoncé dans son état, de plus en plus étranger à une société de moins en moins préparée à lui faire une place ailleurs que derrière les grilles de l'asile de vieillard, les portes de la prison, ou les murs de l'hôpital psychiatrique. La solution éthique des problèmes de l'assistance à autrui passe par l'élucidation des questions techniques. C'est escamoter le problème que de contempler la détresse de celui qui a besoin d'aide, ou de, simplement, nier le trouble, comme le font par exemple certains courants en faveur de la « normalisation » de l'arriération, ou certaines analyses de l'antipsychiatrie. De telles attitudes, bien qu'humanistes, assurément, ne conduisent à rien. Par contre, une analyse des conditions qu'il faudrait réaliser pour venir en aide d'une manière véritablement positive *pour eux* aux handicapés, aux vieillards, aux enfants, aux malades mentaux, etc. conduit inévitablement à un examen des conditions de vie dans la société dans son ensemble. Il n'y a pas chez Skinner de main-mise sur le malade et le faible pour asservir ensuite le reste de la société, mais une critique de la société et projet de la changer pour que se pose autrement le problème du malade et du faible. Mais nous voici aux confins de l'Utopie.

CHAPITRE VIII

L'UTOPIE

UNE CERTAINE MEFIANCE

Venons-en, à présent, à ce que l'on a appelé l'*idéologie* de Skinner. C'est elle, avant tout, qui excite la curiosité du lecteur profane. Il aura peut-être renâclé au cours du long périple que nous lui avons infligé avant de l'aborder. Il l'aura compris, cependant, il ne lui eût pas été possible d'en saisir le sens, moins encore de l'apprécier ou de la critiquer sans une connaissance des notions méthodologiques et théoriques dont elle découle ou prétend découler. Que nous ayons pu consacrer de nombreuses pages à discuter de conscience, de comportement verbal, de créativité, suffit à écarter le classique argument par lequel on récuse les projets sociaux de Skinner : l'homme n'est pas un pigeon ni un rat.

Cette méprise écartée, plusieurs questions se posent encore à propos des écrits socio-politiques de Skinner.

Dérivent-ils des données scientifiques aussi logique-ment que leur auteur le prétend? Ne s'agit-il pas, plutôt, d'extrapolations téméraires et vagues, ou encore de l'in-filtration d'une idéologie tout à fait indépendante qui tire parti, pour se donner plus de poids, de quelques données scientifiques?

En tout état de cause, Skinner ne néglige-t-il pas, naï-vement, des dimensions du phénomène social qui rendent futile tout espoir de les infléchir dans la direction qu'il indique? Ce qui revient à se demander s'il existe réelle-ment un passage possible de la connaissance du compor-tement humain à l'action politique.

Pour répondre à ces questions, il nous faut d'abord prendre connaissance des textes qui traduisent la pensée de Skinner. Mais sans préjuger des réponses que l'on voudra donner ensuite, notons que les «écrits idéologi-ques» valent pour eux-mêmes un examen. Lorsqu'un homme de science en vient à s'inquiéter du monde qui l'entoure, — lui que l'on accusait si couramment jadis de s'enfermer dans une tour d'ivoire —, c'est un signe qui appelle l'attention. Que le célèbre petit ouvrage de Freud «*Malaise de la Civilisation*» ait eu, pour leur auteur, un lien étroit avec sa pratique clinique et ses observations de thérapeute, que ce lien soit ou non évident aux yeux de tous, est peut-être, à tout prendre, moins important que le message qu'il véhicule: le texte mérite lecture et ré-flexion. Il en va de même pour *Par-delà la Liberté et la Dignité*: fût-il sans aucun rapport avec la science, ses propositions sont là, et ne peuvent nous laisser indiffé-rents.

Elles n'ont pas laissé indifférent, comme on l'a vu à la lecture des échantillons de citations reproduits au début de notre premier chapitre. Les réactions ont généralement pris la forme de condamnations massives, sans nuances, faisant en quelque sorte un devoir à quiconque les lisait ou entendait de prendre sans tarder position avec la même vigueur et dans le même sens, de se mettre sans hésiter — et sans réfléchir, sans pousser plus avant l'enquête par lui-même — à l'abri d'une dangereuse contamination. Le mot d'ordre de nombreux critiques semble avoir été de dissuader de lire (ce que Chomsky avait déjà fort bien réussi pour *Verbal Behavior*) et d'installer une salutaire méfiance. Celle-ci s'est si bien répandue qu'elle rejaillit jusque dans les jugements portés sur l'usage des méthodes expérimentales du conditionnement operant dans le cadre des recherches scientifiques les plus fondamentales. Ainsi, le critique bibliographique du *Monde de l'Education*[1], rendant compte, d'une manière assez élogieuse, d'une étude sur le développement cognitif où certains problèmes soulevés par la théorie de Piaget sont abordés à l'aide des méthodes d'apprentissage inspirées de Skinner, éprouve le besoin de conclure: « Tout psychologue et tout éducateur qui s'intéresse au problème du développement cognitif se doit de consulter l'étude de C. B. et M. D., *même si, pour des raisons d'ordre éthique et politique il ne peut se défendre d'une certaine méfiance à l'égard des principes skinnériens* ».[2] Sans doute a-t-il en vue les principes sur lesquels reposent les propositions sociales de Skinner, et non les principes de la méthode scientifique appliquée par les auteurs de l'ouvrage en cause — dont on voit mal qu'ils puissent faire l'objet d'une certaine méfiance pour des raisons d'ordre éthique et politique. Mais voyons quels sont ces principes inquiétants.

Deux écrits principaux, rappelons-le, s'offrent à nous

pour nous en faire une opinion. Un seul, malheureusement, est accessible au lecteur français. Il s'agit de l'essai « *Par-delà la Liberté et la Dignité* ». Discussion critique des notions qui jouent un rôle important dans notre société, il développe, sur le plan théorique, une conception de l'homme, de la causalité de ses conduites qui met en question plusieurs des fondements de l'organisation sociale actuelle (ou, plus correctement, qui démasque quelques-unes des illusions sur lesquelles elle repose). L'essai ne fournit pas de programme d'action concret, rien qui ressemble à une plateforme politique, ou à un manifeste révolutionnaire ou réformateur. Aussi le lecteur le mieux disposé, mais pour qui il s'agit du premier contact avec l'œuvre de Skinner, débouche-t-il normalement sur la question : « Mais qu'est-ce que cela donnerait en pratique ? Quel genre de société Skinner nous réserverait-il si la chance lui était donnée de modeler l'humanité comme il fait de ses rats de laboratoire ? ».

C'est ici que les détracteurs de Skinner fournissent la réponse, et évoquent quelque gigantesque camp de concentration, ou quelque version encore inédite de totalitarisme ; à quoi ils opposent soit le bonheur indéniable de notre société (en quoi ils ne sont pas toujours très convaincants), soit leurs propres rêves utopiques (sans nous dire comment ils espèrent les concrétiser).

Ainsi, Chomsky envisage que « dans une société décente, les travaux socialement indispensables et désagréables seraient répartis sur une base égalitaire, et, pour le reste, les gens jouiraient, comme d'un droit inaliénable, des possibilités les plus larges possible de travailler à ce qui les intéresse... De telles notions sont couramment objet de ridicule, — comme il était courant, à une certaine époque, de se railler de l'idée absurde qu'un paysan pourrait avoir les mêmes droits inaliénables qu'un noble. Il y a toujours eu, et sans doute y aura-t-il toujours, des gens qui ne peuvent concevoir la possibilité que les choses soient différentes de ce qu'elles sont».[3]

Or Skinner lui aussi a formulé son rêve. Et il a pris la peine de nous indiquer comment il pourrait être mis en œuvre, tout en l'exprimant prudemment dans un roman utopique, plutôt que dans un programme d'action politique. Le genre est assurément moins concret, mais il est d'une grande portée.

WALDEN TWO

Le second des écrits qui nous intéresse ici est le premier chronologiquement: écrit en 1945, publié en 1948, 23 ans avant *Par-delà la Liberté et la Dignité*. Malgré son succès en anglais et dans plusieurs autres langues, il n'a pas trouvé jusqu'ici éditeur en France. Peut-être ne représente-t-il pas un chef d'œuvre littéraire (mais est-ce le critère principal qui décide d'une traduction?). Je reconnais qu'il ne figurerait pas parmi les dix textes que j'emmènerais sur une île déserte — non plus d'ailleurs que *Le Meilleur des Mondes* — et, d'un point de vue littéraire, plusieurs chapitres strictement scientifiques de Skinner me paraissent infiniment meilleurs. Mais il nous livre, d'autant plus authentiquement qu'il n'est pas exempt d'une certaine candeur, la vision utopique de Skinner, l'image de la société idéale qu'il nous proposerait, ou nous imposerait, si, fatigués de nos gouvernants, nous le portions au pouvoir, pour voir ... Y sommes-nous plus près du camp de concentration ou de la société décente à laquelle aspire Chomsky?

Il n'importe guère, pour notre propos, de résumer le récit qui sert de trame à la description des règles sociales en vigueur à Walden Two. Il n'est qu'un prétexte, et des plus simples : il s'agit d'une «visite guidée». Les visiteurs : deux jeunes gens et leur fiancée; le professeur de psychologie, Burris, qui s'est arraché à ses devoirs universitaires pour les accompagner; et son collègue Castle, historien et sceptique. Le guide : Frazier, fondateur de la communauté. La scène : le gros village où vivent quelque deux mille personnes selon des principes mis en œuvre par Frazier. Un détail cependant, dans cette mise en scène banale, mérite remarque. Nous sommes au lendemain de la deuxième guerre mondiale. Les deux jeunes gens, fraîchement démobilisés, sont rentrés dans la société américaine avec l'espoir des combattants de trouver dans la paix la justification des sacrifices de la guerre. Quelques mois ont suffi pour que la foi en l'avenir fasse place à la déception : c'est l'impuissance devant le gâchis (le terme américain *mess*) de la société d'après-guerre qui les pousse à reprendre contact avec leur ancien professeur, pour retrouver la piste de l'expérience Frazier. Leur insatisfaction, leur dégoût sont ceux de Skinner lui-même, naturellement, qui refusait, dès ce moment-là, les illusions de liberté et de justice sociale que l'on offrait à un peuple comme fruits de sa victoire. Voilà qui dénote, sans doute, un conservateur! Si Skinner, dès 1945, écrit une *Utopie*, plutôt qu'un programme d'action politique, c'est parce que, à ses yeux, les voies classiques de la politique vouent d'avance à l'échec toute tentative de réforme réelle.

> «Vous ne pouvez pas progresser vers la Bonne Vie par l'action politique! Sous *aucune* des formes actuelles de gouvernement! ... Ce qu'il faut c'est une sorte de Comité

d'Action non politique: tenez-vous à l'écart de la politique et du gouvernement, sauf pour des fins pratiques bien délimitées dans le temps. Les hommes de bonne volonté et qui ont vue sur l'avenir n'y ont pas leur place.

... Dans le sens que nous donnons aujourd'hui à ce mot, gouvernement signifie pouvoir — pouvoir de forcer à la soumission. Les techniques de gouvernement correspondent à ce qu'on peut en attendre — elles usent de la force, ou de la menace de la force. Mais cela est incompatible avec le bonheur permanent — nous en savons assez sur la nature humaine pour être sûr de cela. Vous ne pouvez forcer un homme à être heureux ... (C'est Frazier qui parle.)

Mais, objectai-je, (c'est le professeur Burris qui intervient) il y a certainement eu beaucoup de gens heureux sous des gouvernements d'un genre ou d'un autre.

Non pas *à cause* du gouvernement, mais *malgré* lui. Certaines philosophies de la vie ont rendu des gens heureux, certes, parce qu'elles ont mis en œuvre des principes que l'on souhaiterait sérieusement voir servir de principes de gouvernement. Mais ces philosophies émanaient de rebelles. Les gouvernements, qui emploient la force, sont fondés sur de mauvais principes de conduite des affaires humaines. Et ils ne sont pas capables de les améliorer, ni d'en découvrir les défauts, parce qu'ils ne sont pas capables d'accumuler un ensemble de démonstrations qui approcherait d'une connaissance scientifique. Tout ce qu'ils peuvent faire, en matière d'amélioration, consiste à arracher le pouvoir à un groupe pour le donner à l'autre. Il n'est jamais possible de planifier et de mener des expériences pour rechercher un meilleur usage du pouvoir, moins encore une manière de s'en passer. Cela leur serait fatal. Les gouvernements doivent toujours avoir raison — ils ne peuvent expérimenter parce qu'ils ne peuvent admettre le doute ni la mise en question. » [4]

Cela vous a, comme l'observait Castle, un petit relent d'anarchisme.

Mais laissons pour l'instant l'idéologie et suivons les visiteurs à travers Walden Two.

SEMAINE DE 24 HEURES ET HORAIRE FLOTTANT

La communauté agricole, qui vit en économie semifermée, doit trouver parmi ses membres le potentiel de travail pour faire face à la diversité des tâches. Elle y parvient en demandant à chacun d'eux, physiquement en mesure de le faire, des prestations correspondant, en moyenne, à 3 à 4 heures par jour. Elle donne en échange jouissance de tous les biens fournis par son organisation : logement, nourriture, vêtements, éducation, soins médicaux, libre disposition des multiples possibilités de loisirs créatifs, bref d'un style de vie qui, pour être différemment structuré et infiniment plus enrichissant, n'a rien à envier au niveau habituel du citoyen américain. Comment cela peut-il fonctionner avec un horaire de travail réduit de moitié ? En fait, ces quatre heures par personne sont, dans l'ensemble de la population, plus productives que les 8 heures habituelles. Tout d'abord, on sait que la productivité est plus élevée en début de journée de travail; les tâches s'exécutent d'autant plus rapidement que l'on sait qu'il ne faudra pas, de toute manière, les poursuivre au-delà d'une durée raisonnable. Ensuite, l'homme qui travaille pour lui-même, plutôt que pour un autre ou pour une entreprise qui tire profit de son labeur, travaille mieux et plus vite (c'est le cas de Walden Two, qui ne connaît pas la propriété privée ni l'exploitation du travail d'autrui). En troisième lieu, si la moyenne individuelle est de quatre heures, la somme des heures de travail est largement supérieure à la moitié de celle des travailleurs d'une population équivalente pratiquant l'horaire de 8 h. En effet, à Walden Two, pratiquement tout le monde travaille; pas de classe privilégiée, pas de vieillards prématurés, pas d'inaptes professionnels, pas d'ivrognes ni de criminels, beaucoup moins de malades, pas de chômeurs non plus, dus à une mauvaise planification. «Personne n'est payé pour ne rien faire, pour le seul plaisir de respecter les normes de travail. Nos enfants eux-mêmes travaillent très jeunes — modérément, mais avec joie.»

De plus, la rationalisation des tâches, l'utilisation intelligente des compétences, une attitude constante d'amélioration des savoir-faire individuels, se traduisent également par un gain horaire. Il faut encore compter avec l'élimination de quantités de tâches sans objet à Walden Two: pas de banque, ni de compagnie de prêt, ni d'agence de publicité, ni de bureau d'assurances — assurance contre quoi, puisque la communauté met ses membres à l'abri de tous les risques, en prend soin en cas de maladie, de vieillesse, de mort? —; combien des restaurants, des magasins, des cinémas, des bars, des moyens de transport d'une ville ordinaire sont vraiment nécessaires? Walden Two s'en est dispensé.

Enfin, et ce n'est pas la moindre des causes de fierté à Walden Two, la condition féminine a été complètement transformée (nous sommes, songeons-y, en 1945): par une rationalisation et une industrialisation du travail domestique, celui-ci s'accomplit beaucoup plus rapidement et libère au moins la moitié des femmes pour d'autres activités. Ce n'est là qu'un aspect de la vie féminine à Walden Two. Nous y reviendrons.

Horaire de travail raisonnable, niveau de vie enviable. Pour que ces deux choses aillent ensemble, il faut un troisième terme: élimination du gaspillage. Toute l'indignation contemporaine contre la société de consommation, indignation impuissante hélas, Skinner la criait avec un quart de siècle d'avance.

> «Thoreau (le philosophe américain du XIXᵉ siècle qui mena une expérience de la vie naturelle et isolée) observait que l'ouvrier moyen du Concorde (sa ville dans le Massachusetts) travaillait dix à quinze ans de sa vie pour posséder un toit au-dessus de sa tête. Nous nous en tirons avec dix semaines. Notre alimentation est riche et saine mais peu coûteuse. Il y a peu de rebut ou de perte dus à la distribution, au stockage ou à la mauvaise évaluation des besoins. Il en va de même des autres denrées. Nous ne subissons pas la pression des campagnes de promotion visant à stimuler une consommation inutile.» [5]

Les bons programmes radio sont captés et retransmis à l'usage libre des membres, mais débarassés de la publicité!

La réduction de la masse horaire n'est pas la seule innovation de Walden Two. Le travail y est aussi qualitativement plus léger grâce à deux autres traits de son organisation: une possibilité de choix varié offerte à chacun et la pratique d'une forme ingénieuse d'horaire flottant.

Les membres de la communauté ne sont pas, en fait, astreints à un nombre d'heures de travail précis, mais à accomplir une quantité définie d'*unités de valeurs*, de *crédits*. Chaque tâche est affectée d'un coefficient qui est, entre autres, fonction de sa valeur plus ou moins attractive; une tâche généralement considérée comme désagréable, par exemple le nettoyage des sols, aura ainsi un coefficient plus élevé qu'une tâche agréable, telle l'entretien des parterres fleuris. Quiconque veut s'acquitter rapidement de ses devoirs envers la communauté pour allonger ses loisirs a donc la possibilité de choisir des travaux de haut coefficient.

D'autre part, bien que chacun soit naturellement amené à acquérir des compétences plus ou moins spécialisées, les tâches sont, à quelques exceptions près, interchangeables et offertes à tous. Comme elles sont marquées par des contraintes d'horaire différentes, chacun peut ainsi non seulement échapper à la monotonie, mais jouir, au gré de ses intérêts, d'horaires variés. « De 9 à 17 » n'a pas cours à Walden Two. Travail, repas, activités de loisirs se déroulent de façon ininterrompue. Cet éclatement des horaires présente deux conséquences appréciables. Il permet une exploitation maximale de l'équipement : au lieu d'avoir à multiplier les salles à manger, les salles de bains, les courts de tennis de façon à accueillir tous les utilisateurs à des heures de pointe, l'étalement permet d'en limiter le nombre. Il permet aussi d'éviter les foules, si caractéristiques des restaurants communautaires où l'on doit servir 2.000 repas entre 12.15 h et 13.30 h, ou des salles de spectacles ouvertes de telle à telle heure ! A Walden Two, le dîner s'étale de 17.30 h à 21.00 h. Les foules sont coûteuses, occasionnellement dangereuses, et surtout incompatibles avec les formes les plus valables de relations sociales.

L'organisation du travail comporte encore une autre règle : quels que soient les intérêts individuels et même la compétence spécialisée, une partie des prestations de chacun doit se faire sous forme de travail physique. Cette règle garantit un équilibre tant social qu'individuel entre les deux aspects de la productivité, elle écarte le danger que se constitue une caste de «cérébraux» décidant de l'organisation du travail des «manuels» sans le connaître de l'intérieur.

Tout concours donc à réduire, à alléger, à simplifier le labeur indispensable à la vie de la communauté, sans viser à l'ambition irréaliste de l'éliminer. Cette déclaration de Frazier résume bien la philosophie du système, dont nous avons explicité quelques procédés :

> «Il n'y a rien de mal dans le travail, et nous ne cherchons pas à l'éliminer. Nous voulons seulement éviter le travail non créatif et inintéressant. Si nous pouvions satisfaire nos besoins sans travailler de cette manière, nous le ferions, mais cela n'a jamais été possible sans une forme ou l'autre d'esclavage, et je ne vois pas comment nous pourrions y arriver si nous voulons répartir également les devoirs entre tous. Ce que nous voulons, c'est que le travail de l'homme n'en altère pas la vigueur et n'en menace pas le bonheur. Nos énergies peuvent alors se tourner vers l'art, la science, l'exercice de nos talents, la satisfaction de nos curiosités, la conquête de la nature, la conquête de l'homme — conquête de l'homme par lui-même, non de l'homme par l'homme. Nous avons créé le loisir sans l'esclavage.»[6]

Est-on plus près de la société décente de Chomsky? Nous en serons plus convaincus encore en regardant la manière dont les gens de Walden Two occupent leur temps libre.

MUSIQUE A VOLONTE ET RECHERCHE SCIENTIFIQUE

A tous ses membres, la communauté offre toutes les conditions indispensables à la jouissance et à la pratique des arts. Les bâtiments communs s'ornent de peintures d'artistes locaux, de meilleure qualité que la plupart des œuvres exposées dans les galeries réputées. Discothèques et instruments sont à la disposition des amateurs de musique, et, du quatuor à la chorale, les formations musicales sont nombreuses et de haute tenue. Tant d'activités créatives sont simplement le fruit de conditions favorables à leur éclosion: le temps libre, une émulation sans compétition, les moyens techniques accessibles, et surtout la complémentaire rencontre du créateur et de l'admirateur. Conditions infiniment plus efficaces que les récompenses et honneurs occasionnels aux rares artistes qui émergent du *struggle for life* dans notre société.

> «Prix et distinctions n'atteignent que la surface. Vous ne pouvez encourager les arts avec l'argent seulement. Il y faut une culture. Il faut offrir aux jeunes talents des possibilités réelles. Ils doivent être libres de soucis économiques et socialement reconnus — ce que les prix ne suffiront pas à garantir. Il y faut aussi l'appréciation — il doit y avoir des audiences, non pour payer la facture, mais pour jouir. Tout en tout, nous savons bien quelles conditions doivent être réunies. Nous devons aller vers l'artiste avant qu'il n'ait prouvé sa valeur. Une grande culture productive doit stimuler de grands nombres de jeunes encore inexpérimentés.» [7]

Mis à part, naturellement, les jeux, sports et divertissements, une autre forme d'activité s'offre à l'habitant de Walden Two pendant ses heures de loisir: la recherche scientifique. Si la communauté inscrit parmi ses activités productives nécessaires certaines recherches appliquées — à l'agriculture, à l'éducation, à l'exploitation de certaines matières premières — elle réserve au temps libre la recherche pure. Ce n'est pas là une manière de la négliger, au contraire. Comme pour les arts, les conditions optimales étant réunies — notamment le temps et une véritable liberté d'esprit — la créativité scientifique se révèle bien plus grande que dans une structure professionnelle spécialisée. Existe-t-il d'ailleurs vraiment des institutions de recherche pure qui n'exigent pas de leurs hommes de science de payer de besognes plus ou moins utiles leur droit à la recherche?

L'encouragement à la créativité, non par l'exhortation mais par la mise en place d'un environnement favorable pourrait surprendre dans une communauté forgée dans l'imagination d'un psychologue behavioriste à partir des lois du conditionnement. On aurait attendu la répétition d'individus tous identiques les uns aux autres, se conduisant de même manière, au destin entièrement prévu, à la façon du *Meilleur des Mondes*. Or, nous y trouvons la diversité, la tolérance de l'individuel, l'ouverture au changement. C'est que Walden Two n'est pas l'incarnation d'un régime, mais une culture expérimentale, où la satisfaction de l'individu est le fondement de l'équilibre social, et où la diversification est tenue pour la meilleure garantie de vitalité.

Cette diversité inattendue frappe dès l'abord le visiteur dans les vêtements féminins. Au lieu de l'uniformité, toujours passagère certes, mais synchroniquement monotone, qu'impose la mode saisonnière, les femmes de Walden Two s'habillent d'une manière qui convient à la personnalité de chacune. La société n'exigeant pas le perpétuel renouvellement requis «pour être à la mode», il s'ensuit une économie considérable. Mais, plus important, cela n'empêche ni la beauté ni le charme; au contraire, nulle ne se sentant contrainte d'adopter une mode qui ne serait pas faite pour elle, on échappe au grotesque où cette habitude fait souvent tomber et l'on souligne à loisir ce que l'on a de personnel. Aussi la petite communauté donne-t-elle le spectacle d'une société cosmopolite, qui tolère et admire les vêtements les plus variés.

> « Ici, nous ne sommes plus à la merci des dessinateurs de mode commerciaux et beaucoup de nos femmes réussissent à paraître très belles simplement parce qu'elles ne sont pas obligées de s'habiller dans des limites strictes ... Passer de mode n'est pas un processus naturel, mais un changement manipulé qui détruit la beauté du vêtement de l'année écoulée dans le but de le rendre sans valeur. Nous avons fait échec à cela en élargissant nos goûts. Vous découvrirez qu'une ligne ou un style n'est jamais en soi démodé, comme vous en viendrez à reconnaître la beauté d'un costume d'un autre pays, même si vous l'avez d'abord trouvé comique ou laid. » [8]

SELECTIONNER N'EST PAS EDUQUER

Les enfants de Walden Two sont heureux, actifs et curieux. Aussi n'est-il pas nécessaire de leur imposer l'étude de matières scolaires. Il suffit de leur enseigner les techniques d'étude et de pensée, et, pour le reste, de leur fournir les occasions et le conseil. Il y faut moins de maîtres, et l'éducation est meilleure.

Point de curriculum défini selon des étapes préétablies; point de classes ni de formes d'enseignement cloisonnées, mais la possibilité pour chacun de se développer à son rythme, de cultiver ses aptitudes et ses intérêts, de rencontrer dans la communauté l'assistance dont il a besoin. « L'éducation fait partie de la vie de la communauté. » Jamais on ne cesse d'y apprendre, jamais on ne refuse d'y enseigner. C'est l'éducation permanente.

Une grande partie des acquisitions de l'enfant et de l'adolescent se réalisent dans le cadre des activités réelles. Un ensemble d'ateliers, de laboratoires, de salles d'étude, de salles de lecture tient lieu d'école. Fenêtres et portes des locaux sont largement ouvertes, et les enfants vont et viennent du dedans au dehors, dans un climat de liberté, de détente et d'auto-discipline. Ils vivent en groupes, chacun se trouvant stimulé par ses aînés les plus immédiats, et ils assurent eux-mêmes l'essentiel de la gestion de leurs quartiers. Cette autonomie n'est installée que progressivement. Après la complète dépendance de la nursery, la supervision éducative s'estompe peu à peu jusqu'à ce que, vers treize ans, l'enfant soit pratiquement intégré au mode de vie des adultes, et à leurs responsabilités.

L'instruction, comme la formation du caractère, ne comportent jamais le recours à la punition. L'expérience des désagréments, de l'adversité, n'intervient jamais au titre de sanction délibérée. Mais comme elle fait partie de la vie, il faut y préparer l'enfant, par des méthodes qui l'arment graduellement pour la tolérer et y faire face.

> «Dans la plupart des cultures, l'enfant est confronté à des désagréments et des revers de dimensions incontrôlées ... Nous savons tous ce qu'il en sort. Quelques enfants robustes émergent, spécialement ceux qui ont fait l'expérience du malheur à des doses qu'ils pouvaient avaler ... les autres se soumettent ...
>
> Les méthodes traditionnelles valent mieux que rien. Spartiates ou puritaines, il faut admettre les succès occasionnels. Mais tout le système repose sur le principe coûteux de la sélection. L'école privée anglaise du XIXᵉ siècle produisit des hommes de valeur — en plaçant des obstacles quasi insurmontables et en tirant le maximum

de ceux qui parvenaient à les franchir. Mais sélectionner n'est pas éduquer. La moisson des gens de valeurs restera toujours infime et le gaspillage énorme. Comme tous les principes primitifs, la sélection ne tient lieu d'éducation qu'à la faveur d'une d'ébauche de matériau. Multipliez avec extravagance et sélectionnez avec rigueur.

...

A Walden Two, nous avons un objectif différent. Nous faisons de chacun un être de valeur. Tous franchissent les obstacles. Certains exigent plus de préparation que d'autres, mais tous y parviennent. L'usage traditionnel du malheur est de sélectionner les forts. Nous l'employons pour construire la force. »[9]

A la compétition, la société de Walden Two a préféré la coopération, et elle le marque dans ses méthodes d'éducation.

«Nous évitons soigneusement toute joie tirée d'un triomphe personnel qui impliquerait l'échec de quelqu'un d'autre. ... Nous n'utilisons pas la domination comme mobile, parce que nous pensons toujours au groupe dans son ensemble ... Triompher sur la nature et sur soi-même, oui. Sur les autres, jamais.[10]

Nous sommes opposés à la compétition personnelle. Nous n'encourageons pas les jeux compétitifs, à l'exception du tennis ou des échecs, par exemple, où l'exercice de l'aptitude a autant d'importance que l'issue de la partie; nous n'organisons jamais de tournoi, même pour ces sports-là. Nous ne distinguons jamais aucun membre de la communauté pour approbation particulière. Il doit y avoir quelque autre source de satisfaction dans le travail ou le jeu ... le triomphe sur un autre homme n'est jamais un acte louable ...»

Le système éducatif de Walden Two répond aux insatisfactions de Skinner face aux méthodes en usage. Professeur, il s'interroge avec une clairvoyance rare à l'époque, et à peine moins rare aujourd'hui, sur l'utilité des
examens et des notes, sur la signification réelle de
celles-ci, sur ce que fait un étudiant qui «étudie» — fait-il
autre chose que de lire et penser? —, sur la portée des
cours magistraux, sur l'habitude qui consiste à n'attendre
des élèves, en fin de compte, que de répondre à des questions, sur l'obligation qui leur est faite de lire des livres
qui ne les intéressent pas. (En fait, ce sont quelques jeunes filles de Walden Two qui lui posent toutes ces questions, avec une pertinence qui atteste que leur éducation
les a préparées à aller au fond des choses.)

Toutes ces insatisfactions qui nourriront quelques années plus tard la crise de l'école, et déclencheront contes-
tations, réformes et révolutions — où l'on a trop souvent
jeté le bébé avec le bain — Skinner les formule dès 1945,
et les résoud dans l'imaginaire de sa construction uto-
pienne. Il y reviendra plus systématiquement dans ses
travaux ultérieurs sur la technologie de l'enseignement,
dont nous avons résumé les thèmes précédemment[12].

L'EMANCIPATION DE LA FEMME

L'organisation communautaire modifie radicalement,
on le devine, le rôle de la famille. Ici encore, c'est le
spectacle d'une évolution s'accomplissant sous ses yeux
qui inspire Skinner.

> «L'histoire significative de notre temps est l'histoire de
> l'affaiblissement de la famille. Le déclin de la maison fa-

miliale comme moyen privilégié pour perpétuer la culture, la lutte pour l'égalité de la femme, avec le droit de choisir des professions autres que maîtresse de maison ou garde d'enfants, les extraordinaires conséquences du contrôle des naissances, la séparation, dans la pratique, du sexe et du statut parental, la reconnaissance sociale du divorce, le problème critique des liens de sang ou de race — tout cela constitue les facettes d'une même crise. Et l'on ne peut dire qu'elle soit simple. » [13]

Ce point de l'organisation sociale est l'un des plus délicats, et, plus encore que dans les autres domaines, Walden Two n'apporte pas les solutions figées et définitives du *Meilleur des Mondes*, mais des tentatives expérimentales ouvertes aux réajustements. L'importance des fonctions de la famille comme unité économique, comme unité affectivo-sociale et éducative étant reconnue, il s'agit, puisqu'elle n'est plus en mesure de les garantir, de les déplacer au niveau de la communauté.

Le mariage est maintenu, et n'y est pas moins permanent qu'ailleurs. Les liens conjugaux se révèlent en fait plus résistants, dans les conditions de vie particulières encouragées à Walden Two. Ainsi, les membres de la communauté, même mariés, vivent généralement (rien ne l'impose) dans des chambres individuelles.

> « Beaucoup de nos visiteurs supposent que communauté implique sacrifice de l'intimité. Au contraire, nous favorisons beaucoup plus que la société habituelle l'intimité individuelle. Vous pouvez être seul ici quand vous le voulez. La chambre d'un homme est son domaine, et celle d'une femme aussi. » [14]

Le droit à la résidence individuelle contribue à préserver la fidélité et l'affection. Il ne suffit naturellement pas à éliminer les attractions pour d'autres partenaires sexuels, et les problèmes qu'elles entraînent chez le partenaire délaissé. Mais d'autres aspects de la vie quotidienne en réduisent le nombre et en atténuent les répercussions. Les relations d'amitié et d'affection entre gens de sexe opposé sont largement encouragées, et nul ne s'attend, comme c'est couramment le cas dans la société actuelle (nous sommes en 1945; nous pourrions être en 1975?) à ce qu'elles débouchent sur des rapports sexuels.

Si c'est la cas, le partenaire délaissé ne risque pas soudain de se trouver seul au monde. Les liens d'affection sont assez nombreux et riches dans l'ensemble de la communauté pour assurer une certaine compensation. Plus important peut-être, bien que d'apparence insignifiante, il est à l'abri de tout commérage: il est de règle à Walden Two de ne pas jaser sur les affaires personnelles.

D'autre part, l'éducation affective a visé à réduire les sentiments de jalousie, d'échec irréparable, de blessure d'amour-propre. L'atténuation de certaines formes d'émotion présente un intérêt qui dépasse la sphère des relations amoureuses. Elle minimise les tensions interindividuelles et les conflits intérieurs. Si Skinner reconnaît la valeur dynamisante d'un certain niveau, et de certaines catégories d'émotion — la joie, l'amour — il n'hésite pas à souligner les conséquences généralement négatives de la colère, de la haine, de la tristesse ou de la peur. Elles eurent sans doute leur fonction au cours de l'évolution de l'homme, ou de ses ancêtres, mais n'ont plus de sens dans la vie moderne. Comment réduire ces émotions et ces sentiments? Il ne suffit pas d'y exhorter les gens, et il ne sert à rien de les réprouver. Il faut créer des conditions où elles aient peu de chance de surgir. Ainsi, un large éventail de possibilités attrayantes offrira à chacun des solutions de rechange, qu'il s'agisse du choix d'une profession, ou de celui d'un partenaire.

> « Il est peu probable, à Walden Two, que quelqu'un mette son cœur si totalement à un projet qu'il se sente malheureux si la voie lui en est fermée. Cela est vrai du choix d'une jeune fille comme de celui d'un métier. La jalousie personnelle est presque inconnue parmi nous, et pour une raison simple : nous fournissons une expérience très large et beaucoup de solutions de rechange également attrayantes. Le beau sentiment du "seul et unique" est moins affaire de constance de cœur que de rareté des occasions. » [15]...

> « Cela n'implique pas que nous possédons tout ce que nous désirons. Ce n'est évidemment pas le cas. Mais la jalousie n'y aiderait en rien. Dans un monde compétitif, elle a un sens. Elle dynamise l'individu à affronter une situation frustrante. L'impulsion qu'elle donne, le surplus d'énergie qu'elle entraîne constituent un avantage. En fait, dans un univers compétitif, ce genre d'émotion ne joue que trop bien. Voyez le singulier manque de succès de l'homme content de son sort. Il jouit d'une vie plus sereine, mais il y a moins de chance qu'elle soit féconde. Le monde n'est pas prêt pour le pur pacifisme ni pour l'humilité chrétienne. Avant de pouvoir sans risque éduquer de manière à éliminer les émotions destructrices et inutiles, il faut être sûr qu'on n'en a plus besoin.

> "Comment pouvez-vous être sûr que vous n'avez plus besoin de la jalousie à Walden Two ?" dis-je. "Ici les problèmes ne peuvent jamais se résoudre en attaquant les autres" répondit Frazier sur un ton catégorique. » [16]

Revenons à la famille. Le mariage, généralement, a lieu beaucoup plus tôt que dans notre société, mais l'éducation amène l'adolescent à maturité beaucoup plus tôt aussi. Les conséquences démographiques n'inquiètent pas les planificateurs de Walden Two (nous sommes à une époque où les méthodes contraceptives n'étaient pas encore aussi simples ni aussi répandues qu'aujourd'hui).

> « Ce n'est pas une solution au problème Malthusien que d'abaisser le taux de naissance chez ceux qui le comprennent. Au contraire, nous devons étendre la culture qui reconnaît la nécessité du contrôle des naissances. Si vous prétendez qu'il nous appartient de donner l'exemple, prouvez-moi d'abord que nous n'aurons pas subi l'extinction avant que notre exemple soit suivi. » [17]

La structure communautaire affaiblit assurément les relations entre parents et enfants. Mais ce n'est pas là un sous-produit malheureux : les relations habituelles sont trop étroites et trop restrictives pour garantir une bonne éducation à tous. La maison familiale, avec des parents harassés, souvent peu préparés à leurs responsabilités éducatives, n'est pas idéale pour éduquer des enfants. Les liens affectifs très étroits et très complexes s'accompagnent souvent de conflits, qui dégénèrent en problèmes persistants. Malgré ces difficultés, l'exclusivisme de la cellule familiale est doublement source de frustration, pour les enfants qui en sont privés et pour les adultes sans enfants. A Walden Two, les liens affectifs qui marquent habituellement les rapports entre parents et enfants s'élargissent à l'ensemble du groupe, et marquent les échanges enfants-adultes. Il n'y a plus de traumatisme ni de privation irréparable à se trouver orphelin ou enfant de parents divorcés; de même, il n'y a pas de malédiction dans la stérilité : elle n'exclut nullement, avec les enfants, des échanges aussi nombreux et intenses que ceux des parents naturels. Dans ce contexte, une stérilité volontaire, chez des individus présentant des risques génétiques, n'apparaîtrait plus comme un renoncement dramatique. Les liens du sang s'estompent, au profit des liens d'amour et d'affection, qui sont d'ordre psychologique et culturel. La filiation héréditaire finira par être oubliée.

Des rapports moins étroits entre parents et enfants ne se répercutent-ils pas sur la formation de la personnalité, ne privent-ils pas l'enfant des conditions nécessaires à l'identification, au sentiment de sécurité? Frazier note justement:

> «Nous en savons fort peu sur ce qui se passe dans l'identification. Jamais personne n'en a entrepris une analyse scientifique minutieuse. Les données disponibles aujourd'hui ne sont pas véritablement expérimentales. Nous avons vu le processus à l'œuvre uniquement dans notre structure familiale habituelle. Le modèle freudien peut très bien être dû aux particularités de cette structure, voire aux exentricités des membres de la famille. Tout ce dont nous sommes sûrs, c'est que les enfants tendent à imiter les adultes, dans leurs gestes, leurs manières, leurs attitudes personnelles et leurs relations. Ils font tout cela ici également, mais puisque la structure familiale est changée, l'effet est très différent.
>
> Nos enfants sont soignés par de nombreuses personnes différentes. Il ne s'agit pas de soins institutionnels mais de soins affectifs véritables» (Rappelons, pour le psychologue, que Walden Two, écrit en 1945, paraît en 1948, et que le rapport Bowlby date de 1951.) «Nos membres ne sont pas surchargés de travail, ils n'ont pas été forcés à exercer un métier pour lequel ils n'ont ni aptitude ni goût. Ce que l'enfant imite est une sorte d'adulte essentiellement heureux.» [18]

Les adultes spécifiquement en charge des enfants appartiennent d'ailleurs aux deux sexes, et l'on a particulièrement veillé à garantir l'équilibre entre eux dans la nursery et l'école. Les problèmes qui surgissent de la relation asymétrique à la mère se trouvent ainsi éliminés. Pour ce qui est de l'insécurité, elle n'est pas le lot des enfants de Walden Two, mais de ceux de notre société «élevés par des mères surchargées et nerveuses, ou vivant avec des parents qui se querellent, ou envoyés à l'école sans la préparation nécessaire, ou placés sans transition avec des enfants de milieux différents».

Cette substitution de la communauté à la famille a radicalement modifié la condition féminine, ou plus exactement, c'est le souci de changer cette dernière qui a conduit à structurer les relations conjugales et parentales au sein de la communauté. Quelques années avant Kate Millet et le Women Lib, ces quelques paragraphes de Frazier méritent d'être cités:

> «Le monde a fait quelques progrès dans l'émancipation des femmes, mais il reste encore du chemin à faire pour atteindre l'égalité. Il existe peu de cultures aujourd'hui où les droits de la femme soient respectés. L'Amérique est l'une des trois ou quatre nations qui ont fait à cet égard des progrès. Pourtant très peu de femmes américaines jouissent de l'indépendance économique et de la liberté culturelle des hommes américains.
> A quoi se ramène le mariage habituel chez l'Américain moyen? Il est admis que le mari assurera le logement, l'habillement, la nourriture, et peut-être quelques distractions, tandis que la femme travaillera comme cuisinière et femme de ménage, portera et élèvera les enfants. L'homme est relativement libre de choisir son métier et d'en changer, la femme n'a pas le choix, si ce n'est d'accepter ou de négliger son lot...

Pour aggraver les choses, nous éduquons nos femmes comme si elles étaient égales, et leur promettons l'égalité. Faut-il s'étonner qu'elles ne tardent pas à perdre leurs illusions? Le remède courant est de ressusciter les slogans et les sentiments qui ont fait marcher le système dans le passé. On exhorte la bonne épouse à considérer comme un honneur et un privilège de travailler à la cuisine, de faire les lits chaque matin, de veiller sur les enfants. On l'amène à croire qu'elle est *indispensable*, qu'elle tient en ses mains le bonheur, la santé de son mari et de ses enfants. C'est le traitement classique de la maîtresse de maison névrosée: réconciliez-la avec son sort! Mais la femme intelligente n'est pas dupe, même si elle ne demande qu'à y croire. Elle sait très bien que quelqu'un d'autre pourrait faire les lits, préparer les repas, laver le linge, et que sa famille n'y verrait aucune différence. Le seul rôle qu'elle désire vraiment jouer elle-même est le rôle de mère, mais il n'a pas plus de rapport avec son travail quotidien que le rôle de père n'en a avec son travail au bureau ou à l'usine.

Ici, à Walden Two, il n'y a aucune raison de sentir que l'on est indispensable à quelqu'un d'autre. Chacun de nous est indispensable exactement au même degré, c'est-à-dire fort peu de chose. La communauté continuerait aussi harmonieusement demain si l'un de nous mourait ce soir. Nous ne pouvons, dès lors, tirer beaucoup de satisfaction de nous sentir important. Mais nous avons en compensation d'autres satisfactions. Chacun de nous est indispensable en tant que personne dans la mesure où il est aimé comme une personne. Aucune femme ne tire beaucoup de satisfaction à sentir qu'elle laissera un vide comme le départ d'une cuisinière ou d'une femme de ménage laisse un vide. »

...

« Dans un monde de complète égalité économique, vous recevez et vous gardez l'affection que vous méritez.

Vous ne pouvez acheter l'amour par des cadeaux et des faveurs, vous ne pouvez le capter en élevant mal un enfant, vous ne pouvez l'assurer en servant de bonne femme de ménage.» [19]

Les difficultés de cette transformation de la condition féminine n'ont pas échappé au fondateur de la communauté : «Ceux qui ont le plus à gagner sont toujours les plus difficiles à convaincre. C'est vrai de l'ouvrier exploité aussi, — et pour la même raison. Tous deux ont été tenus à leur place, non par des forces extérieures, mais beaucoup plus subtilement par un système de croyance implanté à l'intérieur de leur peau» [20]. On le notera en passant, le behavioriste n'ignore pas l'intériorisation.

UNE POLITIQUE EXPERIMENTALE :
NI DEMOCRATIE, NI FASCISME

Ce ne sont là que quelques aspects de Walden Two, petite humanité qui a réussi à soustraire le travail à la malédiction et à orienter les loisirs vers la création. Nous n'avons pas repris tous les détails de la visite guidée, au cours de laquelle nulle part nous n'avons rencontré d'ivrogne, de délinquant (où est la prison ?), de désespéré (où est l'hôpital psychiatrique ?), d'être tirant son bonheur du malheur d'autrui. Mais d'où vient cette utopique harmonie ? Qui gouverne, et comment ?

Contrairement à d'autres rêves sociaux, celui-ci ne repose en rien sur les vertus innées de la nature humaine. Skinner n'y croit pas plus qu'aux vices indéracinables. La vertu, le bonheur, la justice, naissent des conditions dans lesquelles l'homme vit. Ces conditions ne peuvent être définies à l'avance et définitivement dans l'absolu d'une idéologie. Elles sont à rechercher empiriquement, à réajuster sans cesse. On ne gouverne pas Walden Two avec une doctrine politique, mais avec l'esprit expérimental. Walden Two ne cesse de changer, et personne n'y cesse de changer.

A tout problème qui se pose, la solution apportée l'est toujours à l'essai. Si elle se révèle inadéquate — c'est-à-dire si les gens qu'elle concerne ne s'en disent pas satisfaits — on en explorera une autre. A Walden Two, comme au laboratoire, les sujets ont toujours raison : s'ils ne réagissent pas comme prévu ou comme souhaité, ce n'est pas à eux qu'il faut s'en prendre, mais aux administrateurs — aux expérimentateurs — qui ont fait de mauvaises prédictions.

Cette recherche des conditions optimales visant à l'équilibre du groupe à travers la satisfaction des individus, c'est l'affaire d'une équipe de responsables, auxquels leur seule compétence impose cette charge au profit de la communauté. La tentation habituelle de l'homme politique ne risque guère de les atteindre : leur mandat, en effet, est limité dans le temps, il ne peut dépasser dix ans. D'ailleurs, quels privilèges pourraient-ils songer à fixer ? L'argent : il n'a pas cours à Walden Two. La propriété individuelle : elle n'existe pas. La jouissance des œuvres d'art : elles sont à la disposition de tous. Les loisirs : tous les membres de la communauté en sont mieux pourvus qu'eux-mêmes. L'exercice de la domination sur autrui : la force et la coercition sont exclues du principe d'administration de Walden Two, comme tout culte de la personnalité.

Les responsables, dont l'éducation et les circonstances actuelles fondent la vertu, n'ont pas accédé à leur charge par suffrage populaire. Walden Two n'est pas un régime démocratique, au sens où se disent démocratiques nos états modernes, et spécialement les Etats-Unis. Frazier (ou Skinner) dénonce avec vigueur l'illusion démocratique, une «fraude pieuse, une mascarade. L'élection d'un président des Etats-Unis n'est pas une forme de gouvernement par le peuple, mais un dispositif utile pour rendre le peuple éternellement responsable des erreurs des gouvernements. La démocratie n'est qu'un despotisme de la majorité, d'une majorité qui s'érige en élite, et résoud les problèmes à *sa* satisfaction, non à la satisfaction de *tous*».

> «Je n'aime pas le despotisme plus que vous! clame Frazier. Je n'aime pas le despotisme de l'ignorance. Je n'aime pas le despotisme de la négligence, de l'irresponsabilité, le despotisme du hasard. Et je n'aime pas le despotisme de la démocratie!»[21]

Certes, si nous avions sous les yeux des régimes démocratiques véritables, où le représentant du peuple qui légifère et gouverne était réellement choisi pour sa seule compétence, et s'il pouvait effectivement subir le contrôle de ses électeurs, peut-être pourrions-nous y voir quelque chose d'assez proche de l'idéal. Mais les états modernes n'offrent qu'une caricature d'une telle démocratie.

> «Le gouvernement de Walden Two a les vertus de la démocratie sans en avoir les défauts. Il est beaucoup plus proche de la théorie ou de l'intention de la démocratie que le régime réel de l'Amérique d'aujourd'hui. La volonté du peuple y est soigneusement examinée. Nous n'avons pas de campagne électorale pour fausser ou obscurcir les problèmes par des slogans purement émotion-

nels, mais l'on recherche sérieusement la satisfaction des membres de la communauté. Chaque membre dispose d'ailleurs d'un canal de communication directe pour exprimer ses protestations auprès des directeurs ou des administrateurs. Et ses protestations sont prises au sérieux, comme le pilote d'un avion prend au sérieux les irrégularités du moteur. »[22]

La démocratie, au sens où nous la vivons en Occident, a démontré ses avantages par rapport à des régimes despotiques fondés sur la force de l'exploitation. Mais elle a eu son temps, et à la lumière de ce que nous savons des lois qui gouvernent les conduites humaines, nous devons la dépasser, sous peine de nous exposer à des difficultés que le despotisme de la force ne serait lui-même plus en mesure de résoudre. « Une philosophie du laissez-faire qui fait confiance à la bonté et à la sagesse inhérente au commun des mortels est incompatible avec ce fait d'observation : les hommes sont bons ou mauvais, sages ou fous selon les environnements dans lesquels ils vivent. »[23]

Fascisme, dira-t-on ? Si, simplifiant la sémantique comme il est aujourd'hui courant de le faire, on applique ce terme à tout ce qui n'est pas pseudo-démocratie à l'occidentale, ou société pseudo-collectiviste sous déguisement marxiste, peut-être. Mais si le terme désigne les régimes totalitaires, généralement fondés sur le pouvoir personnel ou oligarchique, basé sur l'usage de la force et l'exploitation d'un groupe par un autre, il ne s'applique décidément pas à une communauté où quelques hommes font, pour un temps, sans en tirer le moindre avantage personnel, métier de gérer la vie publique à la satisfaction générale, en recourant exclusivement aux renforcements positifs. Dès l'instant où il apparaît sans équivoque que les régimes à prétention démocratique ne sont plus capables de résoudre les problèmes dont dépend la survie d'une société, l'arme la meilleure des totalitarismes est d'entretenir l'illusion de la démocratie.

Fascisme, insisteront certains, fascisme en dépit des tyrans absents, de l'exploitation inconnue, de l'égalité de tous, des droits de l'individu, du bonheur, fascisme parce que tout cela n'est que la conséquence d'un agencement délibéré des rapports sociaux, au lieu de surgir de la *liberté*.

Nous y voilà. Le mot magique et l'objection capitale. Le prétexte est-il sérieux pour récuser le paradis? Et les solutions que nous lui préférons, que doivent-elles vraiment à la liberté? A ceux qui la brandissent — et ils sont fort divers — la question à poser d'abord est, naturellement: qu'est-ce que la liberté? Il n'est pas nécessaire, pour comprendre que ce mot ne recouvre pas un concept unique et homogène, d'avoir parcouru les traités de philosophie. Il suffit d'avoir écouté, la veille d'une élection présidentielle, les discours des candidats.

L'analyse de la liberté, ou plutôt des libertés, Skinner s'est contenté de l'amorcer dans Walden Two. Il y consacrera, un quart de siècle plus tard, son essai *Par-delà la Liberté et la Dignité;* c'est donc vers ce dernier que nous nous tournerons pour préciser sa pensée sur ce point. Mais il place déjà dans la bouche de Frazier les prémisses de son analyse. Dès l'instant où l'on aborde les conduites humaines dans une perspective scientifique, on s'attend à ce qu'elles obéissent à des lois. «Il ne peut y avoir de science d'une matière qui ne répondrait qu'au caprice.» A quelles lois obéissent donc les conduites, les situations, les sentiments auxquels, avec des nuances très diverses selon les moments et les lieux, on a appliqué le mot *liberté*?

CHAPITRE IX

PAR-DELA LA LIBERTE

> *« Peut-être la raison pour laquelle
> les gens sont si effrayés devant les
> considérations causales vient de leur
> terreur à l'idée que, les causes des
> phénomènes de l'univers une fois
> mises au jour, le libre arbitre de
> l'homme pourrait se révéler n'être
> qu'une illusion. »*
>
> Konrad Lorenz

UNE NOUVELLE BLESSURE NARCISSIQUE

La préoccupation de Skinner, au seuil de *Par-delà la Liberté et la Dignité* est fondamentalement la même que celle qui le poussa à écrire *Walden Two* : l'insatisfaction devant la vie sociale. Mais l'insatisfaction s'est muée en inquiétude, une inquiétude à vrai dire fort répandue. Les sujets en sont familiers à tous : explosion démographique, pollution de la biosphère, gaspillage et épuisement des ressources, incapacité de l'humanité à contrôler ses propres actes agressifs qui pourraient, au siècle de l'atome, lui être fatals. Nul n'oserait aujourd'hui prendre le risque d'affirmer que ces dangers ne sont pas réels. Ils alarment, plus sans doute que l'homme de la rue, plus hélas que les hommes politiques, nombre d'hommes de science, que leurs recherches spécialisées mettent brutalement en présence de faits et de prévisions à rendre lucides les plus optimistes. Démographes, économistes, géologues, agronomes, écologistes, biologistes s'unissent à dénoncer les périls. Beaucoup d'entre eux se hasardent à proposer des solutions. Technologiquement, elles sont généralement d'une grande simplicité : à l'explosion démographique, il suffit d'opposer le contrôle des naissances; à la pollution la réduction des déchets; à l'épuisement des ressources la diminution de la consommation.

Malheureusement, pour simples qu'elles soient, toutes ces solutions passent, pour entrer en vigueur, par les mœurs des gens. Ce qui, à première vue, relève de l'ingénieur, de l'agronome, du biologiste, etc., se révèle, en dernier ressort, affaire de comportement humain. Et c'est ici, pour Skinner, que les choses se gâtent. Que l'on s'appuie sur la psychologie du sens commun, ou sur la plupart des théories psychologiques en honneur et qui, sur ce point, ne s'en écartent guère, le *facteur humain*, en tous ces problèmes, renvoie à la volonté de l'homme, à ses besoins, à ses désirs, à sa décision, à sa liberté. C'est dans son esprit que prennent naissance les guerres, c'est donc dans son esprit qu'il faut les prévenir — dans son esprit qu'il faut juguler l'explosion démographique, couper court au gaspillage, rétablir le goût d'un environnement sain. Et son esprit est un esprit libre.

Skinner est d'un autre avis. Cette approche du facteur humain, fondée sur une conception de l'homme qui le rend souverainement autonome, tirant du fond de lui-même l'origine de ses actes, est foncièrement inadéquate. L'homme n'est pas le maître de ses actes : ceux-ci se construisent dans une interaction avec le milieu, et sa « volonté », sa « liberté » même n'échappent pas à cette interdépendance. A s'imaginer souverainement autonome, il modifie et altère sans précautions son milieu, sans se rendre compte qu'il continue à en dépendre. A un stade critique (qu'il semble avoir atteint en cette fin du vingtième siècle), il réalise que son milieu le possède plus qu'il ne le maîtrise, mais il s'obstine néanmoins à affirmer son autonomie, et à en attendre la solution des problèmes qui, dans une large mesure, découlent de cette erreur de jugement quant à sa situation dans l'univers.

Détrôner la conviction de l'homme en sa propre autonomie n'est pas chose facile. C'est lui infliger une nouvelle blessure d'amour-propre, à la suite de Copernic, de Darwin et de Freud. Il n'a pas été facile d'accepter que la terre n'est pas le centre du monde; ni que l'homme n'est, à tout prendre, qu'un chaînon de l'évolution biologique; ni, ceci étant admis, qu'il n'est pas parfaitement gouverné par une conscience rationnelle et raisonnable qui le distinguerait des autres créatures. Il ne lui est pas facile non plus d'abandonner une de ses dernières illusions, d'accepter que ses propres conduites s'inscrivent dans un réseau d'interactions avec le milieu physique et social, et n'émanent pas d'une mystérieuse et toute-puissante liberté individuelle. Il s'en défend si bien que cette notion de liberté, qui a été éminemment utile dans l'élimination de contraintes tangibles à travers l'histoire, il en fait aujourd'hui l'arme principale de son obstination, et il pourrait bien se retrouver définitivement asservi au nom de la liberté.

HISTOIRE NATURELLE ET CULTURELLE DE LA LIBERTE

Pour Skinner, la notion de liberté, en tant qu'elle a quelque support concret, renvoie d'abord à des libérations par rapport à des situations aversives. Si l'on cherche à en faire l'histoire biologique, à en repérer les racines les plus élémentaires, c'est dans les réactions des organismes aux contrôles aversifs qu'on les trouvera. L'animal se soustrait à une stimulation douloureuse; il s'en libère aussi anticipativement si quelque chose la lui signale et qu'elle soit évitable. Le milieu physique comporte pour l'espèce humaine de nombreux éléments aversifs dont elle s'est libérée par le développement des technologies les plus anciennes de lutte contre les prédateurs, contre les intempéries, contre les maladies, etc. Le milieu culturel à son tour comporte de nombreux contrôles aversifs, dont l'histoire peut, théoriquement, expliciter l'origine. Les rapports sociaux, dans la plupart des structures politiques, sont fondés sur des contrôles aversifs: une caste ou une classe en exploite une autre au titre d'instrument de production, sous la menace du fouet, de la privation de nourriture ou de salaire, de l'exclusion d'une félicité post-terrestre; le pouvoir fait respecter la loi par la menace d'amendes, d'incarcération, de déchéance de droits. Il est naturel que ces contrôles aversifs d'origine culturelle, à l'instar de leurs équivalents physiques, suscitent des conduites d'échappement et d'évitement. Les mouvements de libération qui se font jour en divers contextes historiques sont, dans leur essence, des conduites visant à éliminer des contrôles aversifs. Ils prendront des formes extrêmement complexes, ce qui ne peut surprendre chez une espèce aux structures sociales elles-mêmes complexes et dont les comportements peuvent se dérouler au niveau symbolique qui en amplifie encore la complication. Il s'est ainsi développé à l'époque moderne — les historiens des idées donneraient probablement à cet égard au XVIIIᵉ siècle une position privilégiée — des «philosophies de la libération» qui se sont appuyées, pour élargir leur répercussion concrète, non tant sur l'importance d'une élimination des contrôles aversifs eux-mêmes que sur l'exaltation d'un droit de l'individu à jouir de la liberté. Allant plus loin, ces philosophies n'ont pas seulement fait de la liberté un droit (ce qui suppose encore qu'on accepte de la définir par rapport à des situations concrètes, comme lorsqu'on parle de liberté du vote, de liberté d'expression de la presse, de liberté d'exercice d'une religion, etc.) mais une sorte de propriété inhérente à l'individu, propriété dont l'élimination des contrôles devrait garantir le plein épanouissement.

Si cette exaltation d'une liberté abstraite et métaphysique n'a pas été inutile dans la libération des diverses contraintes aversives, elle a eu deux conséquences inquiétantes. D'une part, elle a contribué à ériger en principe fondamental de certains systèmes sociaux (les nôtres notamment) le droit individuel illimité, qui devient assez rapidement source d'abus et générateur de contraintes nouvelles pour autrui : ainsi en va-t-il du droit au profit dans nos structures économiques (la loi intervient alors non plus pour définir des droits, mais pour les limiter). D'autre part, elle a substitué à l'idée — parfaitement fondée — qu'il faut se débarrasser d'un contrôle aversif, l'idée — totalement fausse — qu'il faut se débarrasser de tout contrôle, ou, en d'autres termes, que tout contrôle est par définition aversif : l'individu heureux est celui dont les actes et la pensée sont issus librement de son propre fond, et ne doivent rien à rien ni à personne.

Or, si nous reconnaissons, avec l'analyse scientifique, que cette autonomie est un mythe, qu'il n'est pas de conduite humaine qui ne soit étroitement dépendante de ses origines et de ses conséquences dans le milieu, prétendre écarter tout contrôle comme contraire à la liberté, c'est simplement refuser d'examiner les contrôle à l'œuvre lorsqu'on croit avoir totalement libéré l'individu, c'est l'abandonner aux contrôles les moins perceptibles, où ont le plus de chance de se glisser à nouveau sous forme déguisée des contrôles aversifs. Paradoxalement, la liberté engendre l'asservissement. Les mécanismes du profit et de l'incitation à la consommation dans nos sociétés en offrent un exemple que l'on commence enfin à démasquer.

MYSTERE ET MERITE

La liberté n'est pas le seul apanage de l'homme autonome. Il jouit aussi du mérite de ses actes, qui fonde sa dignité. C'est dans la mesure même où nous ne cherchons pas en dehors de lui-même la source de ses actions, que nous pouvons en assigner à l'individu le mérite — si elles sont bonnes —, la responsabilité —, si elles sont mauvaises. Plus les conduites sont mystérieuses, incompréhensibles, et plus elles seront portées au compte de leur auteur. Une analyse des déterminismes déplace immanquablement le mérite et la responsabilité. L'évolution de la notion de responsabilité en droit pénal est, à ce propos, éclairante. A mesure que les hypothèses et les connaissances sur les facteurs criminogènes se sont accrus, s'est développée la notion d'irresponsabilité, ou de non responsabilité, ou de responsabilité atténuée. La responsabilité de l'individu se trouve déplacée tantôt en direction de son organisme biologique, voire de son hérédité, tantôt en direction de son milieu social, voire de la société toute entière en tant qu'elle enferme en son sein, nourrit un milieu particulier. Dès qu'il y a analyse des causes, il devient inacceptable d'imputer au seul individu dans lequel elles manifestent leurs effets des actes dont l'explication est ailleurs. D'où aussi la conviction que la répression n'apporte pas véritablement une solution à la criminalité, qu'elle se justifie éventuellement, faute de mieux, en tant que moyen de défense de la société, mais que, à long terme, la seule solution est préventive : elle consiste, pour ce qui regarde les déterminismes sociaux, à aménager autrement la société.

Si l'on accepte relativement bien de rechercher les causes des comportements déviants, et d'en regarder les auteurs comme victimes plutôt que comme coupables (l'attitude est aujourd'hui tout à fait admise devant les comportements déviants non délinquants que traite la clinique psychologique, par exemple), il n'en va pas de même pour les comportements positifs. Nous aimons en conserver le mérite total. Nous préférons dire d'un travailleur qu'il a une conscience professionnelle, du zèle et le désir de bien faire plutôt que de reconnaître qu'il accomplit un excellent travail en fonction de l'importance de son salaire, des biens dont son salaire lui permet de jouir, ou d'une satisfaction intrinsèque à produire de ses mains un ouvrage de qualité. Nous préférons dire d'un homme de bien qu'il tire ses bonnes actions de sa vertu plutôt que de suivre l'histoire éducative qui a forgé en lui des comportements vertueux ou de repérer les types de renforcements qui les maintiennent en vigueur.

Jaloux de préserver ses mérites, l'homme autonome résiste à toute analyse des causes de son comportement, comme il y résiste pour sauvegarder sa liberté.

On reconnaît sans peine, dans le procès que fait Skinner de la liberté et du mérite, une argumentation parallèle à sa critique du mentalisme en psychologie scientifique. A ce titre, les théories de *Par-delà la Liberté et la Dignité* représentent une version appliquée à la vie courante, une version politico-sociale d'un des thèmes centraux du behaviorisme. Exactement comme le mentalisme fait obstacle au progrès d'une analyse scientifique des conduites, il barre la route aux progrès décisifs dans la solution des problèmes auxquels l'humanité contemporaine doit faire face. Les deux aspects sont, aux yeux de Skinner, solidaires.

LA LIBERTE CONTRE ELLE-MEME

Pourquoi l'homme autonome, et avec lui les notions de liberté et de mérite qui le fondent, a-t-il la vie si dure? Serait-ce vraiment qu'il définit la grandeur de l'homme, comme le soutiennent nombre d'idéologies? Cet argument n'est, pour Skinner, qu'un masque. La vraie raison de sa persistance, c'est qu'il est utile au pouvoir. Il en est l'instrument d'autant plus subtil qu'il donne précisément l'illusion d'y échapper.

Dans l'histoire de l'humanité, les contrôles punitifs explicites ont été largement exploités: châtiments physiques et torture ont sanctionné tout à tour le sujet qui ne produisait pas assez, l'inculpé tardant à passer aux aveux, le fidèle s'écartant de l'orthodoxie, le peuple conquis refusant de se soumettre. Les effets sont souvent rapides et éclatants, mais ils ne sont guère profonds et ne changent pas positivement les conduites dans le sens souhaité: l'hérétique ramené à la saine doctrine par la torture ne sera plus jamais un fidèle très sûr, pas plus que le serf travaillant sous le fouet ne sera un collaborateur en qui placer sa confiance. En outre, les moyens punitifs extérieurs sont trop voyants et suscitent assez normalement des réactions visant à s'en débarrasser: ils contiennent d'une certaine manière les germes de leur élimination. Leurs résultats, imposés du dehors par la violence, sont étrangers au sujet, qui n'en est pas tenu pour responsable, mais se sent par contre justifié à se révolter. La solution idéale consiste à rendre ce genre de contrôle moins visible, moins déchiffrable et moins évidemment extérieur au sujet. Si, mettant à profit les possibilités des conduites symboliques, les mécanismes punitifs sont transférés «à l'intérieur» du sujet, on aura atteint le but: le contrôle n'en sera pas moins efficace, mais il sera imputé à l'homme autonome, qui en gardera ainsi l'entier mérite ou l'entière responsabilité. Correctement intériorisée, la crainte du châtiment éternel n'est pas moins efficace que la torture infligée par l'inquisiteur, et le surmoi remplace avantageusement la sanction paternelle, avantageusement en tout cas pour l'autorité qu'il transpose au-dedans du sujet. Le détenteur réel du pouvoir en tire un double profit: il allège ses charges et ses risques — le tyran s'expose à la chute si ses sujets s'insurgent contre lui, non s'ils débattent avec leur conscience, —, et il entretient celui qu'il contrôle dans la conviction de sa propre liberté et de sa propre responsabilité — s'il sort vainqueur d'une lutte intérieure il en flattera sa volonté, vaincu il en accusera sa faiblesse. On voit comment l'homme autonome sert ici au maintien de formes non visibles de contrôles aversifs. Freud nous a appris à reconnaître l'origine et les mécanismes de l'«intériorisation» des contrôles punitifs, mais ni ses leçons, ni les lectures socio-politiques qu'en ont faites certains de ses disciples n'ont suffi, semble-t-il, à détrôner l'idole de l'homme autonome. Signe, sans doute, de sa nécessité.

Le pouvoir exploite encore d'une autre manière à son

avantage l'homme autonome: il en use pour sa propre disculpation. « Le maître qui porte au crédit de l'élève ce qu'il apprend se sent en droit de le blâmer de ce qu'il n'apprend pas. Les parents qui accordent à l'enfant le mérite de ses bonnes actions peuvent se permettre de lui reprocher ses erreurs. Ni le maître ni les parents ne peuvent être tenus pour responsables. »

Il en va de même pour les gouvernements. S'ils renoncent à l'homme autonome, il leur faut endosser l'entière responsabilité de l'échec éventuel de leur politique. Skinner rappelle à ce sujet le cas particulièrement clair de l'évolution de l'Union Soviétique, telle que l'analyse Bauer.

« Immédiatement après la révolution, le gouvernement pouvait prétendre que, si la plupart des Russes étaient incultes, improductifs, mal élevés et malheureux, c'est que leur milieu les avait fait ainsi. Le nouveau gouvernement changerait le milieu, en mettant en pratique les recherches de Pavlov sur les réflexes conditionnés, et tout irait bien. Mais en 1930, le gouvernement avait eu sa chance et les Russes n'étaient toujours pas nettement plus instruits, plus productifs, mieux élevés ni plus heureux. On changea alors la doctrine officielle et Pavlov tomba en disgrâce. On lui substitua une psychologie nettement volontariste: il appartenait au citoyen russe lui-même de s'instruire, de travailler productivement, de se bien conduire et d'être heureux. Les succès de la seconde guerre mondiale restaurèrent la confiance dans le principe initial. Après tout, le gouvernement avait réussi. Il n'était peut-être pas encore totalement efficace, mais il était dans la bonne voie. Pavlov fut réhabilité. »[1]

Notre société n'est pas elle-même à l'abri de ces

formes de disculpation, tant s'en faut. On peut même penser qu'elles y tiennent une place d'autant plus importante qu'elles bénéficient du couvert très officiel des doctrines de la liberté et de la responsabilité politiques. Si la crise du pétrole n'est pas maîtrisée par une économie générale d'énergie, les gouvernements pourront toujours rejeter la faute sur le manque d'esprit civique des citoyens, sur leur penchant au gaspillage, sur leur imprévoyance. Et si les citoyens s'avisaient de s'en prendre à l'incurie des gouvernements, il resterait encore à ceux-ci de leur rappeler qu'ils ont été mis en place par le suffrage démocratique et que, par conséquent, de quelque manière que l'on tourne l'affaire, ils ne peuvent s'en prendre qu'à eux-mêmes. *L'homme autonome apparaît comme l'indispensable alibi de l'irresponsabilité du pouvoir.*

Et à exacerber la croyance de l'homme en son autonomie, on ne fait, à vrai dire, que consolider son asservissement. A cet égard, les doctrines non directivistes que certaines psychologies et certaines sociologies ont contribué à répandre doivent peut-être une part de leur succès au fait qu'elles font admirablement, contre toute apparence, le jeu des pouvoirs en place.

«La permissivité n'est pas une politique. Refuser de contrôler, c'est laisser le contrôle non pas à l'individu lui-même, mais à d'autres aspects de l'environnement social et physique.» [2]

LE MENTALISME AU SERVICE DU POUVOIR

Quiconque gouverne en s'appuyant sur l'homme autonome n'a donc pas à se préoccuper de changer les conditions du milieu où les gens vivent. L'important est de changer les esprits, puisque, comme le dit un texte aussi célèbre qu'inefficace, déjà évoqué plus haut, c'est dans l'esprit des hommes que naissent les guerres — comme toutes les autres choses dont il pourrait songer à se plaindre. Paradoxalement, tenter de changer les gens en agissant sur leur milieu apparaîtrait comme une sorte de violence, mais il est parfaitement légitime de viser à changer les esprits.

«Ceux-là mêmes qui s'opposent le plus violemment à la manipulation du comportement font néanmoins les efforts les plus vigoureux pour manipuler les esprits. N'est-ce pas là un fait surprenant? Evidemment, la liberté et la diginité ne sont menacées que si l'on change le comportement en changeant physiquement l'environnement. Rien n'est menacé, semble-t-il, si l'on change les états d'esprit responsables du comportement; sans doute l'homme autonome détient-il des pouvoirs miraculeux qui lui permettent de se rendre ou de résister.»

«Il est heureux pour ceux qui s'opposent à la manipulation du comportement qu'ils se sentent libres de manipuler les esprits, car sans cela, ils n'auraient plus qu'à se taire. Mais, ajoute Skinner, personne ne change directement un esprit.»[3]

Aussi, s'en tenir à changer les esprits, c'est accepter de ne rien changer du tout, c'est peut-être avoir intérêt à ne rien changer du tout. N'est-ce pas le mobile secret de ceux qui dénoncent la «crise de la démocratie» en offrant pour tout remède de «restaurer la confiance dans les processus démocratiques». Mais, s'interroge Skinner dans une conférence récente sur *Comportement humain et démocratie*[4], comment restaure-t-on la confiance? «Les gens participent à l'action politique quand il s'ensuit quelque résultat substantiel, et dans ce cas seulement ils diront leur sentiment de confiance, mais pour inciter les gens à être politiquement actifs, il nous faut changer les contingences politiques, non les sentiments qui en résultent. Je ne vois pas comment le fait de voter dans une élection nationale peut être renforcé en produisant un comportement qui serait accompagné d'un sentiment de confiance. »

A l'examen, on s'aperçoit assez aisément que ceux-là mêmes qui entretiennent les autres dans le mythe de la liberté et du mérite s'emploient par ailleurs fort ingénieusement à aménager les conditions de milieu propres à infléchir les comportements d'autrui dans le sens de leur intérêt. Politiciens et marchands de canons s'entendent à exalter les vertus patriotiques, tout en conditionnant des comportements militaires fort concrets. Les détenteurs du pouvoir économique usent avec complaisance dans leurs slogans publicitaires des thèmes de la liberté, du droit à satisfaire son désir, de la volonté de s'affirmer, etc., mais installent délibérément (et en mettant à profit avec une ingéniosité diabolique les lois du contrôle du comportement) des conduites de consommation de leurs produits. Les grandes religions les plus spiritualistes n'ont jamais manqué d'asseoir leur autorité sur des règles de vie et des contingences éminemment pratiques. Dans tous les cas, tout l'art du pouvoir consiste à masquer au sujet les véritables déterminants de ses actes, en lui faisant accroire qu'ils émanent de la souveraineté de son esprit. On ne tient jamais si bien le consommateur en esclavage qu'en le persuadant qu'il est roi, comme on n'impose jamais si habilement une doctrine qu'en dotant ses fidèles du libre arbitre.

UN PROPHETE DE L'ORDRE SUBVERSIF

Mais si les gens aiment à se croire maîtres autonomes de leur destinée, pourquoi les détourner de cette idée? C'est qu'il y va, pour Skinner, de la survie de la culture humaine. L'actuel amalgame d'une illusoire liberté et de contrôles habilement masqués s'entretenant réciproquement, ne peut nous aider à résoudre les grands problèmes auxquels nous sommes confrontés. S'en tenir à cet état de choses, c'est abandonner le sort de l'humanité aux contrôles actuellement en vigueur, et prendre le plus grand des risques. On dira: que l'on évacue ces contrôles et fleurira la liberté! La solution serait bonne si les comportements humains ne dépendaient de rien ni de personne. Mais si l'homme n'est pas moins dépendant que n'importe quel autre phénomène naturel des conditions qui l'ont produit et dans lesquelles il se trouve, une telle solution revient à abandonner au hasard le destin de l'humanité. C'est ici que Skinner n'hésite pas à employer une formule qui hérisse beaucoup de ses lecteurs, et qui a contribué à faire de lui le «prophète de l'ordre»: «Ce qu'il nous faut, ce n'est pas moins de contrôle, mais plus de contrôle». Plus de contrôle et d'un type totalement différent. «Nous ne pouvons choisir un mode de vie où il n'y aurait aucun contrôle. Tout ce que nous pouvons faire, c'est modifier les facteurs de contrôle.»[5]

Ne serait-il pas absurde, alors que nous savons comment installer telle ou telle conduite essentielle pour résoudre un problème sérieux, de nous priver d'en user? Que dirions-nous du corps médical si, en connaissance des causes et des conditions d'élimination d'une maladie, il la laissait délibérément se propager? Si toute l'entreprise scientifique de l'espèce humaine présente pour elle quelque avantage, c'est bien en lui fournissant, dans la reconnaissance des déterminismes, la seule manière efficace de les dominer. C'est là la vraie liberté. Ce que Skinner a en vue, quand il propose «plus de contrôle», ce n'est pas une augmentation des procédés de coercition négatifs : il n'a cessé de dénoncer les contrôles aversifs — et certains de ses collègues de laboratoire l'ont accusé sur ce point d'être plus moraliste qu'expérimentateur — c'est une augmentation des contrôles explicites, clairement identifiés, correctement ajustés aux objectifs poursuivis, modifiables à l'expérience, et une généralisation des contrôles positifs. On reconnaîtra là les grands principes en honneur à Walden Two. Il ne s'agit nullement de veiller au maintien de l'ordre établi : rien de plus subversif, par rapport à nos usages actuels, que les propositions de contrôle envisagées par Skinner. Ne survivraient ni les régimes politiques où les gouvernements s'appuient principalement sur des moyens aversifs, qu'ils ne tempèrent que sous la pression, aversive elle aussi, d'une fraction de citoyens; ni les systèmes éducatifs auxquels, malgré les vœux les plus pieux, la majorité des élèves échapperaient s'ils n'y étaient contraints; ni l'incitation au gaspillage sous prétexte de satisfaire des besoins invoqués à propos; ni les mécanismes d'exploitation; ni les actes de violence devenus sans objet, etc. Le contrôle envisagé commencerait par les plus grands changements. Certes, si l'on veut bien pousser l'hypothèse jusqu'à imaginer l'utopie réalisée, il introduirait une forme d'ordre, mais l'ordre d'une société composée de membres parfaitement heureux, satisfaits dans leurs besoins vitaux, productifs en leurs loisirs, responsables de l'avenir de leurs descendants, etc. On ne peut objecter à ce genre d'ordre que pour la même raison qui pousse à objecter à tout type de contrôle, même purement positif : à la faveur d'un glissement, d'une généralisation de l'ordre coercitif à tous les ordres possibles. C'est oublier peut-être que la vie n'est autre chose qu'un ordre éphémère dans un univers voué à l'entropie, et qu'il n'en va pas autrement des sociétés humaines, un des aboutissements transitoires de la vie.

LE PRIX DE LA CIVILISATION

Skinner ne se préoccupe pas de perpétuer une culture particulière : l'accusation qui lui a été faite de servir le pouvoir américain ne peut venir que d'une méprise (Spiro Agnew d'ailleurs ne s'y était pas trompé). Les cultures humaines n'ont, dans l'absolu, pas plus de valeur l'une que l'autre, non plus que les espèces biologiques. Le seul critère auquel on puisse les juger, c'est leur survie. Et celle-ci n'est jamais définitivement assurée : le progrès d'aujourd'hui peut devenir la menace de demain. Sa philosophie est, à cet égard, celle d'un biologiste matérialiste.

Qu'une culture se transmette et se développe, qu'elle se perpétue en se transformant ou en demeurant égale à elle-même est une question de fait. Les raisons en sont nombreuses et extrêmement difficiles à démêler. Parmi elles, on peut sans doute accorder de l'importance à tous les mécanismes par lesquels la culture incite ses membres à agir dans un sens favorable à sa survie. Si elle le fait, comme c'est souvent le cas, par des méthodes aversives, elle s'expose tôt ou tard à des oppositions, l'intérêt individuel, ou l'intérêt d'un groupe d'individus passant avant l'impératif de survie de la culture en son ensemble. Le recours aux méthodes aversives ne peut d'ailleurs surprendre : l'organisation culturelle implique presque toujours, semble-t-il, un compromis entre les exigences de la collectivité et l'intérêt de l'individu. Elle a pour condition le renoncement à une part des renforcements positifs individuels. On se souviendra que pour Freud le fait culturel, par quoi se distingue en dernier ressort l'espèce humaine, ne pouvait exister qu'à la faveur de la répression des pulsions, par le triomphe du principe de réalité sur le principe de plaisir, de telle sorte qu'il était par définition source de conflits, inter et intra-individuels.

Skinner partage avec Freud l'idée d'un inéluctable compromis entre les fins de l'organisme social et les satisfactions de l'individu. Mais la répression qui, aux yeux de Freud, était inhérente au fait même de civilisation, n'est pour lui qu'une des formes possibles du compromis, la plus répandue parce que la plus simple; elle n'est pas essentielle, mais historique.[6] On peut en imaginer d'autres, où les buts propres à la collectivité seraient réalisés à travers des comportements individuels positivement renforcés. Là où Freud affiche un pessimisme total, Skinner adopte un optimisme conditionnel. Conditionnel parce qu'il n'est pas du tout certain que l'espèce humaine s'engagera dans une telle possibilité: le progrès n'est pas d'avance inscrit dans l'évolution, pas plus culturelle que biologique. Mais ce que nous savons du comportement ne permet pas d'exclure une forme d'équilibre fondé sur les renforcements positifs. Il ne s'agirait pas, naturellement, d'une libération pulsionnelle — la conception de l'homme n'est pas axée, chez Skinner, sur la pulsion — mais bien d'un ajustement réciproque du social et de l'individuel. A la répression ferait place la régulation, pourrait-on dire sans trahir la pensée de Skinner sur ce point.

Certes, il est difficile de demander à l'individu de diffé-

rer ses propres satisfactions, et plus encore de les trans-
férer au bénéfice des générations futures. Mais l'homme
a évolué en développant sa capacité à retarder action et
résultat de l'action. S'il l'a souvent fait sous contrôle
aversif, il pourrait être dangereux, sous prétexte de le
débarrasser de ces contrôles aversifs, de laisser s'atro-
phier cette capacité. C'est à quoi conduisent immanquablement les idéologies de la libération totale, versions
plus ou moins extrêmes du laisser-faire. C'est ici qu'il
importe, si nous voulons écarter les contrôles aversifs
tout en préservant un mécanisme capital pour la survie de
l'humanité, d'instaurer non moins de contrôles, mais plus
de contrôles — contrôles positifs plus difficiles à mettre
en œuvre, mais générateurs de comportements infiniment
plus permanents.

POURQUOI SURVIVRE?

Mais pourquoi faudrait-il que l'individu subordonne ses
satisfactions, fût-ce par une harmonieuse régulation plutôt qu'au prix de la répression, à la survie de la culture?
Il n'y a, à vrai dire, pas de raison sensée. Tout simplement, répond Skinner, tant pis pour la culture qui n'a pas
réussi à inciter ses membres à agir de manière à la perpétuer. Mais pourquoi s'inquiéter de la disparition des
cultures? N'est-ce pas une chose à quoi l'on peut aisément se résigner? «Nous autres, civilisations, savons
maintenant que nous sommes mortelles» disait Valéry, et
peut-on s'en affliger si l'on a renoncé à donner à l'histoire
un sens et à sa propre culture une mission?

Si le problème est sérieux, c'est que l'enjeu, aujourd'hui, n'est plus telle ou telle culture, mais l'ensem-

ble de la culture humaine, l'humanité toute entière. Ce dont il s'agit, c'est, en fait, de la survie de l'espèce elle-même, cette espèce qui a sécrété le phénomène culturel qui la met en péril si elle ne parvient pas à le contrôler. Libre à chacun de se répéter à ce niveau la même question: pourquoi s'inquiéter de la survie de son espèce? Encore une fois, il n'y a pas de raison convaincante et la seule réponse est: tant pis pour l'espèce si ses membres ne sont pas dotés des conduites qui en garantiront la survie.

PLANIFICATION CULTURELLE ET
MISE EN QUESTION EXPERIMENTALE

L'ordre que suggère Skinner n'a nullement, nous y avons insisté déjà, l'allure d'un conservatisme. Pour que coïncident bonheur individuel — versant subjectif des renforcements positifs — et vie sociale, il faut un perpétuel rééquilibrage, donc une certaine forme de dynamique du changement, qu'on ne saurait mieux définir qu'en se référant à l'esprit expérimental. Aucun objectif définitif ne peut être assigné à la planification culturelle, sous peine de la voir aboutir à des résultats exactement opposés aux intentions premières. La planification culturelle telle que la pense Skinner n'a rien d'une eschatologie politique, promettant le bonheur définitif dès l'instant où certaines étapes auront été franchies, elle n'a rien d'un programme doctrinal définissant les voies de l'avenir. Elle est fondée sur des principes scientifiques de correction expérimentale, de réajustement au départ des faits, en dernier ressort d'une mise en question permanente. Elle peut se donner des buts et faire des hypothèses sur les moyens à mettre en œuvre pour les atteindre, mais ne peut prétendre décrire un futur qu'elle se prépare, en cours de route, à orienter autrement. Prophète, Skinner ne l'est qu'à la manière dont l'homme de science est prophète lorsqu'il formule ses hypothèses, non à la façon du chef religieux qui contrôle le présent en peignant les espoirs et les menaces d'un avenir assez lointain pour échapper à toute vérification, ni à la façon du tribun politique qui recueille l'adhésion par des visions d'avenir que le pouvoir le dispensera de réaliser. Quant à l'ordre, nous avons déjà vu qu'il ne s'assimile pas au conservatisme.

ET L'INDIVIDU?

Mais ne faut-il pas craindre qu'il impose l'uniformisation, la négation de l'individu dans une enrégimentation? Ayant parcouru Walden Two, nous connaissons déjà la réponse. Skinner prend soin de le préciser dans *Par-delà la Liberté et la Dignité*.

> «Si une culture planifiée signifiait nécessairement uniformité et enrégimentation, elle pourrait effectivement entraver l'évolution. Si tous les hommes se ressemblaient, ils auraient moins de chances de découvrir ou de mettre au point de nouvelles techniques; une culture qui rendrait tout le monde pareil risquerait de sombrer dans une structure uniforme dont elle ne parviendrait plus à sortir. Ce serait là une mauvaise planification, mais si nous recherchons la diversité, nous ne devons pas pour autant nous en remettre au hasard. Beaucoup de cultures non planifiées se sont caractérisées par l'uniformité et l'enrégimentation. Les exigences de l'administration dans les systèmes politiques, religieux, économiques engendrent l'uniformité, parce qu'elles simplifient le problème du contrôle. Les institutions éducatives traditionnelles

spécifient ce que l'élève doit apprendre à tel ou tel âge, et font passer des examens pour s'assurer que ces exigences sont remplies. Les codes des gouvernements et des religions sont généralement très précis et laissent peu de place à la diversité et au changement. Le seul espoir est la diversification *planifiée*, dans laquelle est reconnue l'importance de la diversité. L'élevage des animaux et des plantes tend vers l'uniformité quand celle-ci est importante (quand il importe, par exemple, de simplifier l'agriculture ou l'élevage du bétail), mais il exige aussi une diversité planifiée. » [7]

C'est bien là le paradoxe de la culture humaine actuelle : vouée à de gigantesques entreprises de contrôle adroitement habillées du manteau de la liberté, elle engendre une uniformité dont seule nous fera sortir une diversification délibérée. Skinner pense l'évolution culturelle dans des termes analogues à l'évolution biologique, et, là comme ici, la variété est l'une des meilleures formules d'assurance de survie. A ce titre, elle devrait être cultivée alors même qu'on n'en aperçoit pas l'utilité immédiate.

QUI CONTROLERA ?

Reste la question décisive : qui exercera le contrôle ? Skinner ne nous présente nullement une nouvelle tentation totalitaire. Son analyse tend au contraire à déjouer, par une connaissance aussi lucide que possible des mécanismes du comportement, les entreprises despotiques. Rappelons cependant qu'il ne nous fournit pas de programme politique concret mais seulement des principes généraux d'action. Il n'envisage certainement pas la mise au pouvoir de purs technocrates du comportement : il suggère seulement que toute affaire politique étant, en dernier ressort, affaire de conduites humaines, soit traitée en mettant à profit nos connaissances scientifiques en la matière, au lieu de les ignorer, voire d'aller à contresens comme c'est le plus souvent le cas. D'une certaine manière, il s'agit de donner dans la vie publique à la dimension psychologique la place qui lui revient, mais dans une perspective scientifique.

Skinner nous met en garde: pendant que nous nous demandons qui contrôlera, d'autres contrôlent qui n'attendent pas, et ont intérêt à nos tergiversations. Il le rappelle, le choix n'est pas entre contrôle et liberté, mais entre contrôle manifeste et contrôle occulte, entre cohérence et chaos. Débouchera-t-on nécessairement sur une tyrannie, ou un despotisme éclairé? Souvenons-nous qu'à Walden Two, l'agencement de la société en garantissait le fonctionnement harmonieux indépendamment de la personnalité du fondateur, comme des dirigeants du moment. La mort de l'un d'entre eux ne changeait pratiquement rien à l'affaire. La sage précaution avait été prise d'empêcher de faire carrière dans des fonctions de responsabilité en y mettant un terme infranchissable, de donner à tout organe de décision une structure collégiale, et d'éliminer des mandats de direction toute possibilité de profit personnel. Ce sont là des mesures élémentaires de *contre-contrôle*.

CONTROLE ET CONTRE-CONTROLE

Nous touchons ici le nœud de l'idéologie skinnérienne. L'explicitation des contrôles de la vie sociale — des contingences de renforcement qui y règnent — est le préalable à une organisation capable de se corriger elle-même, d'exercer un contre-contrôle.

« Le planificateur de culture essuie le feu de ses adversaires parce que tout projet explicite implique contrôle (ne serait-ce que le contrôle exercé par le planificateur). On résume souvent le problème en demandant : qui exercera le contrôle ? Et l'on sous-entend généralement, en posant la question, que la réponse est nécessairement menaçante. Pour empêcher l'abus du pouvoir de contrôle, cependant, nous devons porter notre attention non sur celui qui le détient, mais sur les contingences qui le poussent à s'y engager. » [8]

« Le grand problème est d'arriver à garantir un contre-contrôle efficace, c'est-à-dire à faire peser certaines conséquences importantes sur le comportement du détenteur du contrôle. [9]

« Tout contrôle est réciproque, et l'interaction entre contrôle et contre-contrôle est essentielle pour l'évolution de la culture. » [10]

« L'opposition aux techniques de contrôle, c'est naturellement une forme de contre-contrôle. Elle peut avoir des effets bénéfiques immenses si elle contribue à la sélection de meilleures techniques. Mais les littératures de la liberté et de la dignité ont commis l'erreur de supposer qu'elle supprime le contrôle plutôt qu'elle ne le corrige. Le contrôle réciproque à la faveur duquel une culture évolue se trouve ainsi perturbé. Le refus d'exercer les contrôles possibles sous prétexte que tout contrôle est mauvais revient à empêcher des formes éventuellement importantes de contre-contrôle. Nous en avons discuté déjà certaines conséquences. Les techniques punitives que, pourtant, les littératures de la liberté et de la dignité ont contribué à éliminer, se trouvent paradoxalement favorisées. La préférence pour des méthodes qui dissimulent le contrôle a condamné ceux qui sont en mesure d'exercer un contre-contrôle constructif à n'utiliser que des techniques faibles.

Ceci pourrait bien être une mutation culturelle léthale. » [11]

L'histoire sociale nous offre de multiples exemples de mécanismes et d'agents de contre-contrôle. Face à un pouvoir fondé sur des méthodes aversives, le contre-contrôle revêt lui-même des formes aversives — l'insurrection, la grève, la fraude. Celles-ci menacent le pouvoir, et éventuellement le limitent, mais elles en entretiennent aussi généralement les instruments répressifs. Dans les régimes parlementaires, l'opposition joue un rôle de contre-contrôle plus positif. En régime de liberté de presse, l'information, chaque fois qu'elle démasque et explicite un abus du contrôle introduit directement ou indirectement un contre-contrôle. Les associations de consommateurs qui boycottent un produit, ou obtiennent des garanties de fabrication exercent un contre-contrôle sur les producteurs sans scrupules. Sous une forme plus subtile, l'élève exerce un contre-contrôle sur le maître : celui-ci corrigera ses méthodes d'enseignement si l'élève ne comprend pas ce qu'il veut lui enseigner — comme le rat en laboratoire modèle le comportement de son expérimentateur. Cet ajustement réciproque n'est possible que si les actions de ceux qui contrôlent ne cessent de dépendre de leurs conséquences chez ceux qu'elles concernent. Si l'enseignant dépend plus d'un pouvoir organisateur lui-même très éloigné de la vie de l'école que des élèves eux-mêmes, ceux-ci perdent toute influence dans le contre-contrôle.

« Contrôle et contre-contrôle tendent à se dissocier

lorsque des institutions organisées prennent le contrôle en charge. Les contingences informelles sont susceptibles d'ajustements rapides dès que changent leurs effets; mais les contingences que des organisateurs confient à des spécialistes peuvent demeurer insensibles à beaucoup de leurs conséquences. » [12]

Certaines catégories d'individus sont quasi totalement démunis de moyens de contre-contrôle. Les mesures prises à leur égard peuvent très longtemps aller dans une direction aberrante sans aucune correction. Le contre-contrôle ne peut venir que d'une tierce partie.

« L'équilibre entre contrôle et contre-contrôle est rompu lorsque le contrôle s'exerce par délégation : le contre-contrôle devient alors inefficace. Le cas est classique. Les hôpitaux pour psychotiques, les institutions pour arriérés, orphelins, vieillards, sont connus pour la faiblesse des mécanismes de contre-contrôle parce que ceux qui se préoccupent du sort de ces gens ignorent souvent ce qui s'y passe. » [13]

Un gouvernement basé exclusivement sur des contrôles positifs n'aurait aucune raison de craindre que ses méthodes de contrôle soient découvertes : au contraire, il y aurait intérêt. L'explicitation des contrôles est la condition, à son tour, de modalités efficaces de contre-contrôle. Celles-ci supposent, d'autre part, que les actes des gouvernants demeurent sous le contrôle aussi direct que possible de leurs conséquences chez les gouvernés. La responsabilité politique n'est pas une vertu, elle est dans l'agencement adéquat des relations entre gouvernants et gouvernés. Au sein de la crise actuelle des états transparaît clairement la recherche d'un tel agencement. On n'y atteindra, pour Skinner, que si le pouvoir renonce à entretenir chez les citoyens l'illusion de la liberté, et si les citoyens cessent de sacrifier à cette illusion le contrôle véritable de leur sort.

SCIENCE APPLIQUEE ET POLITIQUE

Que conclure au terme de cet aperçu, très schématique, des incursions de Skinner dans la réalité, ou l'utopie, sociale?

Nous ne reviendrons pas sur la trahison des textes. La plupart des critiques qui se sont chargés de présenter au grand public les thèses de Skinner les ont grossièrement défigurées. Si la bonne foi n'est pas en cause, c'est que d'autres raisons ont brouillé la lecture. Le manque de préparation a sans doute joué un rôle: un peu d'instruction eût sans doute évité à Andreski de se plaindre de l'usage du terme *contingences de renforcement* dans *Par-delà la Liberté et la Dignité*. [14]

Mais la vraie raison est ailleurs: Skinner gêne de tous côtés. Aucune des formules politiques aujourd'hui au pouvoir, ou candidate au pouvoir, n'échappe en fait à sa critique. Il gêne et ceux qui détiennent le contrôle et ceux qui le cherchent, et ceux qui se bercent de l'illusion de leur liberté. Si nous délaissons ces réactions émotionnelles parce qu'intéressées, que conclure sur le fond?

Une première question se pose: les vues de Skinner ont-elles un fondement scientifique ou non? Si oui, ce fondement est-il sérieux? Et s'il est sérieux, conduit-il *nécessairement* ou *légitimement* aux conceptions exposées?

Que les données, méthodes, concepts auxquels s'est

référé Skinner fassent partie du domaine scientifique —
et non de la religion, ou de la poésie, ou de la magie —
c'est une évidence : ils sont chaque jour l'objet de recherches qui visent à les reproduire, les éprouver, les dépasser, tout cela d'ailleurs indépendamment de ce que Skinner en pense. Que tout cela soit sérieux ne peut faire, non
plus, aucun doute, si l'on admet que toute l'activité
scientifique en cause se poursuit selon les règles et les
garanties (et aussi les risques) que se donne couramment
la communauté des hommes de science. *Sérieux* ne veut
naturellement pas dire *définitif* ni *exhaustif* : les hommes
de science sont les premiers à reconnaître que leurs découvertes ne sont jamais que des approximations successives, quand elles ne sont pas des erreurs fécondes. Le
problème est donc de savoir si les fondements scientifiques, si sérieux soient-ils, sont suffisants pour asseoir, à
défaut de les dicter vraiment, les conclusions pratiques
que Skinner en tire. Les idées sociopolitiques découlent-
elles légitimement, sinon nécessairement, des données
expérimentales et théoriques ?

C'est là une question difficile, car il s'agit de porter un
jugement sur la validité d'une proposition d'application
scientifique. Or la seule validation convaincante serait
d'essayer, mais l'on voudrait avoir validé avant d'essayer. Toute application scientifique comporte des risques, par rapport à ses fondements expérimentaux ou
théoriques. Elle se situe toujours dans un contexte impur,
où interviennent des variables imprévues, ou mal éva-
luées. Il est important de calculer les risques, mais non
moins important aussi de savoir les prendre. Un critère
raisonnable consiste à apprécier l'écart entre les connaissances fondamentales et l'application envisagée. S'il est
trop grand, on renoncera. Ainsi, s'agissant de Skinner,

on peut penser que les données scientifiques sont trop fragmentaires, trop limitées aux animaux de laboratoire, trop mal intégrées à d'autres sources de connaissances psychologiques pour justifier les applications. Il vaudrait mieux attendre qu'elles se développent et qu'elles s'harmonisent à d'autres courants de la science du comportement pour déboucher sur une théorie assez vaste et qui autorise vraiment une extrapolation à l'ensemble de la culture humaine. Cette position prudente, non interventionniste, qui allie la modestie au respect, est difficile à réfuter. Mais elle peut fort bien comporter plus de risques que la position inverse. En effet, certaines situations n'offrent aucune chance de solution si l'on ne tente pas d'intervenir avec le peu que l'on sait. Les probabilités de réussite sont peut-être fort maigres, mais les risques sont de cent pour cent si l'on ne fait rien.

Aux partisans du non-interventionnisme, on demandera: quand jugerez-vous en savoir assez pour appliquer les connaissances scientifiques en sciences humaines? Certains répondront: on verra bien, et poursuivront leurs recherches fondamentales. Mais en attendant, les problèmes auront pourri, et le monde continuera de changer notamment par l'œuvre des autres sciences qui n'auront pas ralenti le développement de leurs applications. Les chirurgiens du siècle passé qui introduisirent les mesures d'hygiène élémentaires n'avaient pas résolu de façon absolue le problème de l'infection. Qui songerait à leur reprocher leur initiative sous prétexte que les antibiotiques ont apporté bien plus tard une arme plus efficace? Refuser de passer aux applications, parce que l'on n'y est pas prêt, c'est souvent dissimuler l'indécision sous le masque d'une déontologie respectable, c'est presque toujours méconnaître la complémentarité de la science dite pure et de la pratique.

Pour d'autres, le parti pris de non-intervention n'est pas provisoire, il est définitif. A leurs yeux, l'écart entre savoir scientifique et complexité des affaires humaines est à jamais irréductible. La science peut regarder, décrire, à la limite expliquer, mais là se borne son rôle: l'histoire humaine, qu'elle soit collective ou individuelle, échappe à toute prédiction donc à tout contrôle scientifique. Cette attitude contemplative est aujourd'hui très répandue parmi les psychologues. On lui trouverait sans peine de multiples origines, que nous n'entreprendrons pas ici de préciser. Nous n'insisterons que sur une de ses conséquences: elle alimente un courant qui, depuis quelques années, a pris une certaine vigueur, courant d'opposition à l'aventure scientifique et, derrière elle, à l'effort de rationalité de l'homme. Dans cette perspective, on n'objecte pas à l'application scientifique dans la vie sociale parce que notre savoir scientifique serait insuffisant mais parce que tout ce qui est scientifique est dangereux (et plus les fondements scientifiques sont développés plus c'est dangereux). Nul ne nie que les progrès de la science ont, indirectement, engendré des difficultés imprévues (non toujours imprévisibles). Mais rien n'indique que l'on puisse les résoudre en tournant le dos à la science: elle est peut-être seule en mesure de le faire. De toute manière, dans la conduite des affaires humaines, la science n'a guère joué de rôle: faut-il s'en féliciter? Faut-il «continuer, comme par le passé, à nous fonder en cette matière sur notre expérience personnelle, ou sur cette accumulation d'expériences personnelles qu'est l'histoire, ou encore sur ces concentrés d'expériences que constitue la sagesse populaire. Ainsi avons-nous fait pendant des siècles; pour apprécier le résultat, il n'est que de regarder le monde, dans l'état où nous l'avons mis». [15] Skinner n'hésite pas dans le choix entre la science et la non-intervention, comme on le voit à nouveau dans le texte suivant, qui répond en même temps à l'objection de simplification:

> « L'interprétation du monde complexe des affaires humaines en termes d'analyse expérimentale est sans aucun doute souvent simplifiée à l'excès. On en a exagéré les prétentions et négligé les limites. Mais la véritable simplification, et la plus grande, c'est le recours traditionnel aux états d'esprit, aux sentiments, et autres aspects de l'homme autonome que remplace une analyse du comportement. La facilité avec laquelle on peut inventer sur le champ des explications mentalistes est peut-être le signe le plus clair du peu d'attention qu'elles méritent. La même remarque vaudrait à propos des usages traditionnels. La technologie qui s'est dégagée d'une analyse expérimentale ne devrait s'apprécier que par comparaison avec ce qui a été fait par d'autres moyens. Après tout, qu'avons-nous à montrer en faveur du bon jugement non scientifique ou préscientifique, en faveur du sens commun ou des intuitions de l'expérience personnelle? Le choix est entre la science ou rien, et la seule solution à la simplification est d'apprendre à traiter la complexité.

> La science du comportement n'est pas encore prête à résoudre tous nos problèmes, mais c'est une science en progrès, et l'on ne peut juger aujourd'hui de ses possibilités futures. Quand ses critiques affirment qu'elle n'est pas capable de rendre compte de tel ou tel aspect du comportement humain, ils impliquent généralement qu'elle n'en sera jamais capable, mais l'analyse continue à se développer et est en fait beaucoup plus avancée que ces critiques ne le réalisent.

> L'important n'est pas tellement de savoir comment résoudre un problème que de savoir comment rechercher une solution. Les savants qui approchèrent le président Roosevelt pour lui proposer de construire une bombe si

puissante qu'elle mettrait fin en quelques jours à la Seconde Guerre mondiale ne pouvaient affirmer qu'ils savaient comment la fabriquer. Tout ce qu'ils pouvaient dire, c'est qu'ils savaient dans quelle direction chercher.
Les problèmes de comportement à résoudre dans le
monde actuel sont sans doute plus compliqués que l'application de la fission nucléaire, et la science fondamentale est assurément beaucoup moins avancée que n'était
alors la physique, mais nous savons d'où partir pour
chercher les solutions. » [16]

Supposons à présent que les fondements scientifiques
sur lesquels s'appuie Skinner ne soient pas sérieux, ou
que, de toute manière, ils ne justifient pas ses conceptions de l'homme et de la société. Quel sort réserverons-
nous aux écrits idéologiques? Y voir, comme certains
l'ont fait, une entreprise pseudo-scientifique d'apologie
du pouvoir établi, c'est n'avoir pas lu les textes. Combien
d'Américains au lendemain de la seconde guerre mondiale ont mis en question leur régime et leur société de
façon aussi explicite que le Skinner de *Walden Two*, et
quel régime ou parti actuel se risquerait à adopter *Par-
delà la Liberté et la Dignité* comme bible de ses militants
sans s'ouvrir lui-même à une douloureuse critique?

Mais il se pourrait que Skinner ait artificiellement arti-
culé l'une à l'autre la pensée de l'homme de science et
celle du philosophe politique, suivant un penchant à la
rationalisation et à la cohérence assez communs parmi les
intellectuels. Il faudrait alors enlever les traverses entre
deux voies parallèles, mais étrangères l'une à l'autre:
cela ne les supprimerait ni l'une ni l'autre. Les textes sociopolitiques existent et peuvent exercer une influence,
stimuler la réflexion. Pour le meilleur et pour le pire, une
idée, qu'elle soit scientifiquement fausse ou vraie est un

fait social propre à orienter l'avenir. Certaines idées de Freud ont marqué la culture occidentale moins en raison de leur validité scientifique, qui n'est pas aujourd'hui encore toujours clairement établie, que par leur résonnance dans un contexte particulier de l'histoire sociale. Il n'y a propablement aucune relation, du moins jusqu'ici, entre l'influence d'une idée et sa qualité scientifique, et peut-être les moins scientifiques sont-elles les plus influentes. Paradoxalement, si les idées de Skinner méritent quelque écho — si elles contiennent quelque promesse de progrès pour l'humanité — il vaudrait mieux peut-être qu'elles n'aient aucun des fondements scientifiques que leur auteur invoque! Pour l'ampleur de l'audience, mieux valut qu'il fût parapsychologue...

ELOGE DE L'UTOPIE

Mais scientifiquement justifiée ou non, quelle influence attendre pour une pensée essentiellement utopique? N'est-ce pas là la faiblesse des écrits skinnériens, qui les voue à l'insignifiance, les relègue dans l'univers des rêves, rationnels peut-être mais sans répercussion? Il est vrai que les modèles utopistes n'ont guère été réalisés. Peut-être n'étaient-ils pas réalisables, peut-être les hommes n'étaient-ils pas assez insatisfaits de leur existence pour tenter des aventures aussi nouvelles, peut-être les mutations culturelles que supposent toujours les utopies ne se font-elles pas par voie rationnelle, et faut-il s'en remettre à l'irrationnel des révolutions, des grandes catastrophes, des guerres et des invasions pour changer radicalement une société. Mais peut-être se trouve-t-il des utopies réalisables, et peut-être aussi les hommes sont-ils arrivés dans des impasses d'où ils ne sortiront que par un saut dans l'utopie, par un passage dans ce qui n'est encore nulle part et qu'il leur incombe de créer. Un quart de siècle après *Walden Two*, on le croirait à lire, par exemple, certains économistes qui reconnaissent la faillite de leur discipline dans ses prétentions au contrôle des facteurs économiques.

> «A condition que cet effort (de déconstruction des théories traditionnelles) soit poursuivi, les économistes pourront participer au grand débat sur l'avenir de l'humanité et cesser d'être considérés comme des gestionnaires *du* possible pour devenir des explorateurs *des* possibles, les inventeurs de l'utopie.» [17]

Ce n'est pas Skinner qui écrit ceci, mais Attali et Guillaume, dont on sait le rôle critique dans les milieux économiques contemporains et la place dans la réflexion de certains groupes politiques importants sur les structures d'une société nouvelle. Ils poursuivent:

> «Au-delà de la prévision de l'inéluctable, à quoi se limite trop aujourd'hui la prospective (la théorie économique de l'utopie) devra donc discourir sur d'autres organisations sociales, d'autres comportements individuels et collectifs...
>
> La théorie économique de l'utopie pourrait donc se demander comment une économie pourrait fonctionner avec d'autres comportements individuels (refus de l'égoïsme, de l'appropriation, du pouvoir) et pas seulement avec d'autres procédures. Elle pourrait aussi réfléchir aux nouvelles organisations politiques qui favoriseraient l'émergence de ces comportements.» [18]

Skinner a-t-il fait autre chose, de *Walden Two* à *Par-delà la Liberté*? Ce dont manquent les économistes c'est

du moyen d'engendrer d'autres formes de comportements, qui permettraient à des mécanismes économiques
nouveaux, inédits, de se mettre en place. Skinner leur
propose «d'autres comportements individuels» et des
moyens propres à en «favoriser l'émergence». N'est-il
pas surprenant que dans le chapitre de l'*Anti-économique*
significativement intitulé *Economie de l'Utopie*, Attali et
Guillaume passant en revue les essais utopiques, ignorent
celui du grand behavioriste américain, pourtant le plus
proche de leur projet, jusques et y compris dans la proposition d'une recherche véritablement expérimentale de
formules sociales nouvelles:

> «Une des principales fonctions des centres de recher-
> che en sciences sociales devrait être aujourd'hui de créer
> et de diffuser des *représentations*, des *discours utopi-
> ques*, de concevoir et d'animer des expériences et d'ana-
> lyser les réactions que les uns et les autres suscitent.»[19]

On pourrait s'amuser à mettre en parallèle les textes
d'Attali et Guillaume et ceux du Skinner de *Walden Two*.
On verrait facilement dans ce dernier un précurseur des
partisans de l'économie de l'Utopie, et qui est allé beaucoup plus loin qu'eux dans ce genre d'exercice. Ainsi,
lorsqu'ils dénoncent une conception du travail où seul
compte le résultat, non l'action elle-même, où «il ne
vient à l'idée de personne de proposer que les hommes
changent assez souvent et complètement de métier ou en
fassent simultanément et à temps partiel, plusieurs», on
ne peut manquer de songer à la distribution des tâches à
Walden Two et aux multiples occasions où Skinner a insisté sur l'importance des «renforcements intrinsèques à
l'activité». Il y aurait lieu aussi de rapprocher l'analyse
de la notion de besoin chez les économistes français, et

ce qu'ils en tirent quant à la notion de consommation, des modèles pratiques imaginés par Skinner pour modifier les conduites de consommation et du même coup les besoins dont on prétend qu'elles dérivent. Et l'on trouverait d'autres points de rencontre dans la discussion de la liberté telle que nos sociétés démocratiques la vivent, dans la dénonciation du mythe de l'égalité des chances — qui en réalité perpétue admirablement les inégalités —, dans les critères de choix d'une société en fonction de l'avenir, dans la place à donner aux avis scientifiques pour résoudre nos problèmes, etc. Mais ce qui rapproche le plus les deux perspectives, c'est qu'elles introduisent toutes deux une recherche expérimentale, par définition jamais achevée; il ne s'agit pas d'œuvrer à l'instauration d'un système considéré comme idéal, mais de trouver un agencement du pouvoir et de l'économie tel que l'on puisse sans cesse le remanier pour qu'il soit vraiment satisfaisant. De part et d'autre, c'est un peu la révolution permanente comme prophylaxie de la révolution.

Si *Walden Two* connaissait un jour une version française, voire une mise à l'essai expérimentale dans quelque coin d'Auvergne ou de Normandie, ces mots des économistes français non conformistes pourraient fort bien lui servir d'exergue:

> « La réflexion utopique est à la base d'une réelle liberté de l'esprit. »

(Entre gens de bonne compagnie, un peu de mentalisme ne peut faire de tort.)

NOTES

CHAPITRE I

[1] *Par-delà la Liberté et la Dignité,* Paris, Laffont, 1972.

[2] Konrad Lorenz, *Les huit péchés capitaux de la civilisation,* Paris, Flammarion, 1973.

[3] Voir Chapitre 4.

[4] R. Tissot, Leçon inaugurale, Chaire de Psychiatrie, *Médecine et Hygiène,* 26 mai 1971.

[5] Science de l'Apprentissage et Art de l'Enseignement, 1954.

[6] Traduit en français sous le titre *La Révolution scientifique de l'Enseignement,* voir bibliographie.

CHAPITRE II

[1] Le lecteur soucieux de compléter son information sur la technique, se reportera à Richelle, *Le Conditionnement operant,* 2e éd., Neuchatel, Paris, Delachaux et Niestlé, 1972.

[2] *L'Analyse expérimentale du Comportement,* p. 23.

[3] Serge Moscovici, in *Le Nouvel Observateur,* 5 février 1973.

[4] Voir, par exemple, Pariente, G.F., Technique d'étude de la vision des couleurs chez un lémurien nocturne de Madagascar, *Optometrie,* 1973, 5, 1-12.

[5] Voir Williams, J.L., Evidence of complementary afterimages in the pigeon, *Journal of the experimental analysis of behavior,* 1974, *21,* 421-424.

CHAPITRE III

[1] *Evolution et Modification du Comportement,* Paris, Payot, 1967.

[2] *Les Huit Péchés capitaux de la Civilisation,* Paris, Flammarion, 1973, p. 166.

[3] *About Behaviorism,* p. 43.

[4] *Ibid.,* p. 44.

[5] Breland, K. et Breland, M., The misbehavior of organisms, *American Psychologist,* 1961, 61, 681-684; *Animal Behavior,* New-York, Mac Millan, 1966.

[6] Pour un aperçu plus détaillé sur le problème des contraintes sur l'apprentissage voir Droz, R. et Richelle, M. (Eds.), *Manuel de Psychologie,* Bruxelles, Dessart-Mardaga, 1976, Ch. IV-2.

[7] *About Behaviorism,* p. 40.

[8] *L'Analyse expérimentale du comportement,* P. 235-236.

[9] Notamment dans *l'Envers du Miroir,* Flammarion, Paris, 1975.

[10] On trouvera une synthèse particulièrement éclairante des relations entre niveau évolutif et apprentissage, dans une perspective qui combine les recherches occidentales et soviétiques, chez Razran, G., *Mind in Evolution,* Boston, Houghton Mifflin, 1971.

[11] Chomsky, N., Review of B.F. Skinner, *Verbal Behavior, Language,* 1959, 35-26-58, trad. fr. in *Langages,* 1969, 4.

[12] Chomsky, N., Psychology and Ideology, *Cognition,* 1972, 1, 1-46.

[13] Mehler J., Connaître par désapprentissage, in E. Morin et M. Piatelli-Palmarini (Eds), *L'Unité de l'Homme,* Paris, Seuil, 1974, p. 287.

CHAPITRE IV

[1] Eccles, J.E., *Facing reality,* Heidelberg, Springer, 1970.

[2] *Verbal Behavior,* p.

[3] Luria, A.R., The origin and cerebral organisation of man's conscious action, *conférence au XIXe Congrès International de Psychologie,* Londres, 1969.

[4] *L'Univers de la Psychologie,* vol. I, Encyclopédie Lidis, Paris, 1977, p. 239.

[5] *About Behaviorism,* p. 213.

[6] *Cumulative Record,* p. 303.

[7] *Ibidem,* p. 326.

[8] *Ibidem,* pp. 269-270.

CHAPITRE V

[1] Cette affirmation figure dans l'Introduction au fascicule de la revue *Langages* où parut la traduction française de la critique de *Verbal Behavior* par Chomsky (voir Note 11, Ch. 3).

[2] Richelle, M., Analyse formelle et analyse fonctionnelle du comportement verbal. Notes sur le débat entre Chomsky et Skinner, *Bulletin de Psychologie*, 1973, 26, 252-259. Une traduction en anglais a paru dans *Behaviorism*, 1976, 4, 209-221 par les soins de W.S. Foster et J.A. Rondal, et une traduction en espagnol dans R. Bayes (Ed.); *Chomsky o Skinner?*, Barcelone, Fontanella, 1977.

[3] Nous renvoyons, à ce propos, au Ch. 1 de notre ouvrage *l'Acquisition du Langage*, Bruxelles, Dessart et Mardaga, 1972.

[4] A lecture on «having» a poem, 1971, repris in *Cumulative Record*, 3e éd. La citation est tirée des pages 345-347.

[5] La parenthèse est de nous.

[6] *Verbal Behavior*, pp. 5-6.

[7] *About Behaviorism*, p. 100.

[8] Lentin L., Problématique de l'acquisition de la syntaxe chez le jeune enfant, in *Apparition de la syntaxe chez l'enfant*, Cresas, 1975 (Document ronéotypé).

[9] Voir Perelman C., *Le Champ de l'argumentation*, Bruxelles, Presses Universitaires, 1970.

[10] *Verbal Behavior*, p. 21.

[11] *Ibidem*, p. 345.

[12] Voir notamment le Ch. 14 de *Verbal Behavior*, intitulé *Composition and its effects*.

CHAPITRE VI

[1] *Verbal Behavior*, pp. 438-439.

[2] Constructivisme et Behaviorisme, *Revue européenne des Sciences sociales*, 1976, 14, 291-303 (volume d'hommage à J. Piaget à l'occasion de son 80e anniversaire).

[3] *About Behaviorism*, p. 139.

[4] *Ibidem*, p. 140.

[5] Piaget, J., *Adaptation vitale et Psychologie de l'Intelligence*, Paris, Herman, 1974, p. 28, et, pour la première phrase de la citation, p. 101.

[6] *Cumulative Record*, p. 255.

[7] Voir notamment Botson, C., et Deliège, M., *Le Développement in-*

tellectuel de l'Enfant, II. *Une méthode d'approche: les apprentissages sans erreurs*, Bruxelles, Direction générale de l'organisation des Etudes, Ministère de l'Education Nationale, 1975; *Analyse expérimentale de certains déterminants de la flexibilité comportementale*, même éditeur, 1976 (spécialement la section 2). Voir aussi notre article *A propos d'apprentissages*, Bulletin de Psychologie, 1977, (Hommage à Piaget).

[8] *L'Analyse expérimentale du Comportement*, p. 229.

[9] Creating the creative artist, in *Cumulative Record*, p. 339.

[10] Cumulative Record, p. 353.

[11] Pigeon in a Pelican, *Cumulative Record*, pp. 390-391.

CHAPITRE VII

[1] Cité de *l'Univers de la Psychologie*, vol. I., Encyclopédie Lidis, Paris, 1976, p. 390.

[2] *La Révolution scientifique de l'Enseignement*, p. 127.

[3] *Cumulative Record*, p. 194.

[4] *La Révolution scientifique de l'Enseignement*, p. 302.

[5] *Ibidem*, p. 299.

[6] *Cumulative Record*, p. 212.

[7] *Ibidem*.

[8] Snyders, G., *Où vont les pédagogies non-directives?*, Paris, P.U.F., 1973.

[9] *La Révolution scientifique de l'enseignement*, p. 277.

[10] *Ibidem*, pp. 285-287.

[11] *Ibidem*, p. 168.

[12] *Ibidem*, p. 202.

[13] *Ibidem*, pp. 203-204.

[14] Guérir pour normaliser, l'Arsenal thérapeutique pour rectifier les comportements. *Autrement*, revue trimestrielle, 1975-76, n° 4.

[15] Norbert Bensaid. Des cerveaux qui marchent au pas, *Le Nouvel Observateur*, 3 mai 1976.

[16] Charles Brisset, dans la revue *Autrement* citée en note 14. Il faut féliciter les rédacteurs de ce numéro, — et cela compense quelque peu les lacunes et les erreurs de leur information sur la Behavior Therapy — d'avoir ouvert le débat et demandé leur avis à des spécialistes aux tendances diverses.

[17] Pour une introduction compétente et nuancée à la modification comportementale d'inspiration skinnérienne, on se reportera à Seron, X., Lambert, J-L., et Vanderlinden, M., *La Modification du Comportement, Théorie, Pratique, Ethique,* Dessart et Mardaga, Bruxelles, 1977; pour une introduction à la Thérapie du comportement, dans une perspective psychiatrique et psychosomatique, le lecteur consultera Fontaine, O., *Introduction à la Thérapie comportementale*, Dessart et Mardaga, Bruxelles, sous presse.

[18] What is psychotic behavior?, 1956, repris dans *Cumulative Record*, p. 272.

[19] *Ibidem*, p. 260.

[20] *Ibidem*, p. 252.

[21] Voir déjà, sur ce point, le chapitre 24, intitulé la *Psychothérapie*, de *Science and Human Behavior*, 1953.

[22] *About Behaviorism*, pp. 185-186.

[23] Voir, entre autres, à ce propos, l'article 19 reproduit dans *Cumulative Record:* Compassion and Ethics in the care of the Retardate.

CHAPITRE VIII

[1] Le Monde de l'Education, sept. 1976.

[2] C'est nous qui soulignons.

[3] Chomsky, N., Psychology and Ideology, *Cognition*, 1972, 1, 1-46.

[4] *Walden Two*, pp. 193-194. Les parenthèses sont de nous.

[5] *Ibidem*, p. 64. Les parenthèses sont de nous.

[6] *Ibidem*, p. 76.

[7] *Ibidem*, p. 89.

[8] *Ibidem*, pp. 33-34.

[9] *Ibidem*, p. 114.

[10] *Ibidem*, p. 117.

[11] *Ibidem*, p. 169.

[12] Voir chapitre 7.

[13] *Walden Two*, p. 138.

[14] *Ibidem*, p. 139.

[15] *Ibidem*, p. 54.

[16] *Ibidem*, pp. 102-103.

[17] *Ibidem*, p. 137.

[18] *Ibidem*, p. 144.

[19] *Ibidem*, pp. 146-599.

[20] *Ibidem*, p. 148.

[21] *Ibidem*, p. 268.

[22] *Ibidem*, p. 269.

[23] *Ibidem*, p. 273.

CHAPITRE IX

[1] *Par-delà la Liberté et la Dignité*, p. 97.

[2] *Ibidem*, p. 104.

[3] *Ibidem*, p. 113.

[4] *Human behavior and democracy*, conférence faite au Congrès annuel de l'American Psychological Association, Washington, 4 septembre 1976.

[5] *About Behaviorism*, p. 190.

[6] Les amateurs de rapprochements inattendus songeront peut-être à quelque point commun entre Skinner et Reich.

[7] *Par-delà la Liberté et la Dignité*, p. 197.

[8] *Ibidem*, p. 204.

[9] *Ibidem*, p. 208.

[10] *Ibidem*, p. 222.

[11] *Ibidem*, pp. 219-220.

[12] *Ibidem*, p. 208.

[13] *Ibidem*, p. 208.

[14] S. Andreski, *Les sciences sociales. Sorcellerie des Temps modernes*, Paris, P.U.F., 1975.

[15] *Par-delà la Liberté et la Dignité*, p. 13.

[16] *Ibidem*, pp. 195-196.

[17] J. Attali et M. Guillaume, *L'Anti-Economiquee*, Paris, P.U.F., 1974, p. 26.

[18] *Ibidem*, p. 233.

[19] *Ibidem*, p. 195.

BIBLIOGRAPHIE

La liste des publications de Skinner jusqu'à cette date a paru en 1970 dans P.B. Dews (Ed.) *Festschrift for B.F. Skinner,* New-York, Appleton Century-Crofts. Elle comptait alors cent titres. On s'y reportera pour le détail des articles scientifiques. Nous nous bornons à reproduire ici le titre de ses ouvrages.

The Behavior of Organisms, New-York, Appleton-Century Crofts, 1938.

Walden Two, New-York, The MacMillan Company, 1948.

Science and Human Behavior, New-York. The MacMillan Company, 1953.

Schedules of Reinforcement (avec C.B. Ferster), New-York, Appleton-Century Crofts, 1957.

Verbal Behavior, New-York, Appleton-Century Crofts, 1957.

The Analysis of Behavior (a programmed text) (avec J.G. Holland), New-York, McGraw Hill, 1961.

Cumulative Record, New-York, Appleton-Century Crofts, 1961, 3ᵉ Edition 1972 (Ce volume comprend la plupart des articles importants non repris dans d'autres ouvrages et constitue une source particulièrement commode).

* *The Technology of Teaching,* New-York, Appleton-Century Crofts, 1968.

* *Contingencies of Reinforcement, A theoretical Analysis,* New-York, Appleton-Century Crofts, 1969.

* *Beyond Freedom and Dignity*, New-York, Alfred A. Knopf, 1971.

About Behaviorism, New-York, Alfred A. Knopf, 1974.

Particulars of my Life, New-York, Alfred A. Knopf, 1976

Les trois ouvrages marqués d'une astérisque sont les seuls à avoir été traduits en français. En voici les références:

La Révolution scientifique de l'Enseignement, Bruxelles, Dessart et Mardaga, 1968.

L'Analyse expérimentale du Comportement, Bruxelles, Dessart et Mardaga, 1971.

Par-delà la Liberté et la Dignité, Paris, R. Laffont, 1972.

Les références des ouvrages cités ou conseillés pour compléter l'information sont fournies dans les notes.

INDEX DES NOMS CITES

TABLE DES MATIERES

PSYCHOLOGIE ET SCIENCES HUMAINES

collection publiée sous la direction de MARC RICHELLE